ZHIGUO LIZHENG

ZHE WUNIAN

—SHIBADA YILAI

ZHONGGUO XIN JUBIAN

治国理政这五年

——十八大以来中国新巨变

罗平汉◎主编

人民出版社

目　　录

导　言

五年来，以习近平同志为核心的党中央团结带领全国各族人民，以非凡的理论勇气、高超的政治智慧、强烈的使命担当，勇挑重担、攻坚克难、开拓创新、强基固本，在经济、政治、文化、社会、生态、国防和军队、党的建设等各个方面，都取得了历史性的巨大进步，开辟了治国理政的新境界，开创了党和国家事业发展的新局面，赢得了广大干部群众的衷心拥护，在国际社会产生重大影响。

党的十八大以来治国理政的这五年，是党和国家发展进程极不平凡的五年，是继往开来、改革创新的五年。五年来，以习近平同志为核心的党中央立足中国实际，紧紧围绕实现"两个一百年"奋斗目标和中华民族伟大复兴的中国梦，坚持实事求是，一切从实际出发，强化问题导向、实践导向、需求导向，深刻把握党内外、国内外形势发展的新变化，把改革创新精神贯彻到治国理政的各个环节、各个领域，不断推动实践创新、理论创新和制度创新，续写了中国特色社会主义事业发展的新篇章。

这五年，是不断推进实践创新的五年。中国共产党人干革命、搞建设、抓改革，从来都是为了解决中国的现实问题。五年来，习近平总书记多次强调，要坚持问题导向，强化问题意识，发扬钉钉子精神，着力破解影响中国发展的突出问题。从问题出发，以解决问题为切入点，不断解决旧问题和新问题，由此推进实践创新，是五年来党中央治国理政的鲜明特点。从十八届三中全会启动全面深化改革以来，中央全面深化改革领导小组已召开36次会议，对十八届三中、四中、五中、六中全会作出的616项改革决策进行具体部署，涉及司法、财税、户籍、农村土地、医疗卫生、科技体制等多个方面，开出了一剂剂破除顽瘴痼疾的良方，让人民群众有了更多的获得感。剪除烦苛，禁察非法，审批长跑成了"短途接力"；商事制度改革不断攻坚，"一分钱注册公司""三证合一"、取消企业年检等，平均每天涌现万户新企业；"营改增"、减税降费等，助力企业在创新创业的"风口"起飞；医药、能源、铁路等重点领域价格市场化改革，增强了社会投资的积极性；就业计划任务年年超额完成，居民收入增速稳稳跑赢GDP，三项医保覆盖超过13亿人口；等等。各个领域的实践创新，啃下一个个硬骨头，不断攻克体制机制的痼疾、冲破思想观念的障碍、突破利益固化的藩篱，为中国发展注入新动力。

这五年，是不断推进理论创新的五年。在治国理政的实践中，习近平总书记以强烈的历史使命感和责任感，以马克思主义政治家的理论勇气，深刻把握时代发展脉搏，回答实践新要求，顺应人民新期待，围绕改革发展稳定、内政外交国防、治党治国治军发表一系列重要讲话，形成了治国理政新理念新思想新战略，进一步推进了党的理论创新，深化了对共产党执政规律、社会主义建设规律、人类社会发展规律的认识，把马克思主义中国化推进到新的境界，具有重大的政治意义、理论意义、实践意义和方法论意义。党中央治国理政新理念新思想新战略，内涵丰富，是一个系统完整的科学理论体系，涉及生产力和生产关系、经济基础和上层建筑各个环节，涵盖经济、政治、文化、社会、生态文明建设、国防和军队、党的建设等各个领域。其中，实现中华民族伟大复兴的中国梦是居于引领地位的宏伟奋斗目标；“四个全面”战略布局是实现中国梦的重要保障；牢固树立五大发展理念，统筹推进五位一体建设，为实现中国梦奠定坚实物质基础；加强国防和军队建设，推动构建新型国际关系，为实现中国梦营造良好发展环境；学习掌握科学的思想方法和工作方法，为实现中国梦提高科学的世界观和方法论。正是有党中央治国理政新理念新思想新战略的科学指引，我们党大力推进伟大斗争、伟大工程、伟大事业、伟大梦想，在党和国家各项事业发展上取得了历史性成就。

这五年，是不断推进制度创新的五年。中国的改革开放，目的是推动社会主义制度的完善和发展，这需要通过不断的制度创新来实现。五年来治国理政的新实践，党中央治国理政新理念新思想新战略的指引，为推进制度创新提供了坚实的基础和理论的指导。2013年11月，党的十八届三中全会把完善和发展中国特色社会主义制度，推进国家治理体系和治理能力现代化，作为全面深化改革的总目标。习近平总书记指出：“今天，摆在我们面前的一项重大历史任务，就是推动中国特色社会主义制度更加成熟更加定型，为党和国家事业发展、为人民幸福安康、为社会和谐稳定、为国家长治久安提供一整套更完备、更稳定、更管用的制度体系。”①此后，“制度建设”“制度体系”“制度设计”“制度安排”“制度保障”“制度衔接”，等等，

① 《完善和发展中国特色社会主义制度，推进国家治理体系和治理能力现代化》，《人民日报》2014年2月18日。

成为习近平总书记系列重要讲话和中央全面深化改革领导小组历次会议的关键词，成为推进制度创新的重要路径。五年来，制度创新步伐大大加快。从土地流转改革到行政审批制度改革，从财税体制改革到国有企业改革，从收入分配制度改革到社会保障制度改革，充分发挥市场的决定性作用和更好发挥政府作用；"政府限权"的制度创新，规范了政府的作用。"放权市场"的制度创新，激发了市场的活力。从试点开始的"制度创新"，让点与面结合起来，确保了改革的稳定性。

"只有顺应变革，与时俱进，才能永葆生机"。五年来，以习近平同志为核心的党中央顺应时代发展新变化，与时俱进，坚定不移推进实践创新、理论创新和实践创新，使党和国家事业发展又迈上了一个大台阶。五年来，以习近平同志为核心的党中央把握当今世界和当今中国的发展大势，顺应实践要求和人民愿望，推出了一系列的重大战略举措，出台了一系列的重大方针政策；推进一系列的重大工作，解决了许多长期想解决而没有解决的问题，办成了许多过去想办而没有办成的大事。五年来，以习近平同志为核心的党中央坚定不移贯彻发展新理念，有力推进我国发展不断朝着更高质量、更有效率、更加公正、更可持续的方向前进；坚定不移全面深化改革，推进改革呈现全面发力、多点突破、纵深推进的崭新局面；坚定不移全面推进依法治国，运用法律手段领导和治理国家的能力显著增强，加强党对意识形态工作的领导，巩固了全党全社会思想上的团结统一；坚定不移推动生态文明建设，美丽中国建设迈出重要步伐；坚定不移推进国防和军队现代化建设，推动国防和军队改革取得历史性突破；坚定不移推进中国特色外交，营造了我国发展和平国际环境和良好周边环境；坚定不移全面从严治党，使党的领导得到全面加强，大大增强了党的凝聚力、战斗力和领导力、号召力。为深入总结这五年的历程，反映这五年的成就，提炼这五年的新经验，特组织编写《治国理政这五年——十八大以来中国新巨变》一书，以进一步深入学习贯彻习近平总书记系列重要讲话精神和党中央治国理政新理念新思想新战略，进一步增强政治意识、大局意识、核心意识和看齐意识。考虑到篇幅有限，本书不求面面俱到，把重点聚焦到这五年的新亮点、新举措上，特别是实践创新、理论创新和制度创新的重大成果，突出党中央治国理政新理念新思想新战略，让广大党员、群众能够更深刻地体会到党中央治国理政的勇气、责任和担当，使全党、全军、全国各族人民能够更加自觉地团结在以习近平同志为核心的党中央周围，更加主动地推进“五位一体”总体布局、“四个全面”战略布局、落实新发展理念，为实现“两个一百年”奋斗目标、进而实现中华民族伟大复兴的中国梦而努力奋斗。

一、全面深化改革

五年来，以习近平同志为核心的党中央高举起改革开放旗帜，以更大的政治勇气和智慧坚定不移全面深化改革，用全局观念和系统思维谋划改革，妥善处理好整体推进和重点突破、顶层设计和摸着石头过河、胆子要大和步子要稳、改革发展和稳定等重大关系，形成了全面深化改革的重要战略思想，各领域改革不断加速推进，啃下了不少多年来难啃的硬骨头，有力地克服了影响当代中国发展的体制机制障碍，使当代中国改革呈现出全面发力、多点突破、蹄疾步稳、纵深推进的良好态势，为实现中国梦注入了不竭动力。

（一）对全面深化改革作出总部署

经过近40年的改革开放，中国改革进入到深水区和攻坚期，中国发展进入到重要历史关头。破解中国发展中面临的一系列矛盾和挑战，关键在深化改革。2013年11月，党的十八届三中全会通过了《中共中央关于全面深化改革的决定》（以下简称《决定》），对新的历史条件下推进全面深化改革进行总部署、总动员。《决定》深刻剖析了我国改革发展稳定面临的重大理论和实践问题，阐明了全面深化改革的重大意义和未来走向，提出了全面深化改革的指导思想、目标任务、重大原则，描绘了全面深化改革的新蓝图、新愿景、新目标，反映了社会呼声、社会诉求、社会期盼，合理布局了全面深化改革的战略重点、优先顺序、主攻方向、工作机制、推进方式和时间表、路线图。

相比深化改革，全面深化改革多了“全面”一词，更加注重改革的系统性、整体性、协同性，更加注重对改革的顶层设计。为突出改革的整体性和协调性，全会首次明确了全面深化改革的总目标，即“完善和发展中国特色社会主义制度，推进国家治理体系和治理能力现代化”，这在中国改革开放史上还是首次。这个总目标，回答了推进各个领域改革最终是为了什么、要取得什么样的整体效果这个根本性、全局性问题。总目标有两句话，是一个整体。前一句话规定了根本方向，即中国特色社会主义道路，而不是其他的什么道路；后一句话规定了在根本方向指引下完善和发展中国特色社会主义制度的鲜明指向。① 国家治理体系和治理能力是一个国家制度和制度执行能力的集中体现。国家治理体系就是在党领导下管理国家的制度体系，包括经济、政治、文化、社会、生态文明和党的建设等各领域体制机制、法律法规安排，也就是一整套紧密相连、相互协调的国家制度。国家治理能力则是运用国家制度管理社会各方面事务的能力，包括改革发展稳定、内政外交国防、治党治国治军等各个方面。国家治理体系和治理能力是一个有机整体，相辅相成，有了好的国家治理

① 习近平：《在庆祝全国人民代表大会成立60周年大会上的讲话》，《人民日报》2014年9月6日。

体系才能提高治理能力，提高国家治理能力才能充分发挥国家治理体系的效能。推进国家治理体系和治理能力现代化，就是要适应时代变化，既改革不适应实践发展要求的体制机制、法律法规，又不断构建新的体制机制、法律法规，使各方面制度更加科学、更加完善，实现党、国家、社会各项事务治理制度化、规范化、程序化。今后要更加注重治理能力建设，增强按制度办事、依法办事意识，善于运用制度和法律治理国家，把各方面制度优势转化为管理国家的效能，提高党科学执政、民主执政、依法执政水平。

十八届三中全会围绕全面深化改革，提出了一系列新思想、新观点和新举措。比如，首次明确要使市场在资源配置中起决定性作用和更好发挥政府作用；首次把改革的布局分为“5+1+1”，即：经济体制改革、政治体制改革、文化体制改革、社会体制改革、生态文明体制改革、国防和军队改革、党的建设制度改革；首次明确要推进协商民主广泛多层制度化发展；首次提出“创新社会治理”“改进社会治理方式”；首次明确“股票发行将推行注册制”；首次提出“废止劳动教养制度”；对纪检体制改革作出部署，明确“强化上级纪委对下级纪委的领导。查办腐败案件以上级纪委领导为主，线索处置和案件查办在向同级党委报告的同时必须向上级纪委报告。各级纪委书记、副书记的提名和考察以上级纪委会同组织部门为主”；研究制定渐进式延迟退休年龄政策；设立国家安全委员会、中央全面深化改革领导小组；等等。

十八届三中全会关于全面深化改革的部署，不仅在国内引起强烈反响，也赢得了国外媒体、专家的高度关注和评价。全会当天发表的公报以及审议通过的《决定》，被认为是中国新一届领导集体施政纲领的首次系统亮相。美国《华尔街日报》认为，世界最大发展中国家、全球第二大经济体站在新起点，向实现梦想再出发。路透社认为，十八届三中全会“勾勒了中国未来深化改革的重点和路线图”。新加坡《联合早报》指出，在十八届三中全会后，中国亟待推进的多项改革，已经明确了目标和路径。《新印度快报》对中国的改革十分羡慕，认为在印度政治家高谈阔论之际中国召开了十八届三中全会。① 澳大利亚堪培拉大学学者哈里森说，中共十八届三中全会不仅对中国重要，对世界也很重要。② 纽约大学政治系终身教授熊玠在《习近平时代》一书中指出：“中共此轮改革决心之大、规模之宏伟可能在人类历史上都是罕见的。”十八届三中全会闭幕 5 天后，即 2013 年 11 月 17 日，国务院副总理刘延东访美。当她向美国人介绍中国的改革计划时，“大家都被震惊了”。③

（二）改革试点先行

全面深化改革，需要啃硬骨头、涉险滩，要冲破思想观念的障碍、突破利益固化的藩篱，难度非常大，还要避免在根本问题上出现颠覆性错误。五年来，习近平总书记反复强调，必须坚持正确的方法论，统筹谋划、协调推进改革。其中，他强调最多的是要处理好顶层设计和摸着石头过河的关系。对看得还不那么准、有必须取得突破的改革，

① 《世界解读三中全会公报　感叹中国改革决心》，《环球时报》2013 年 11 月 13 日。

② 《国际社会高度评价中共十八届三中全会》，《人民日报》2013 年 11 月 13 日。

③ 《决定中国命运的大改革——〈习近平时代〉选载》，《学习时报》2016 年 6 月 23 日。

可以先进行试点，大胆探索，摸着石头过河，取得经验后再推开。①

对于改革试点工作，习近平总书记高度重视，不仅亲自谋划，还提出了一系列新思想、新观点、新论断，为推进改革试点提供了重要遵循。他强调："实践中，对必须取得突破但一时还不那么有把握的改革，就采取试点探索、尊重创造，鼓励大胆探索、勇于开拓，取得经验、看得很准了再推开"。"摸着石头过河也是有规则的，要按照已经认识到的规律来办，在实践中再加深对规律的认识，而不是脚踩西瓜皮，滑到哪里算到哪里"；②"要发挥改革试点的侦察兵和先遣队作用，找出规律，凝聚共识，为全面推开积累经验、创造条件"③；"要鼓励地方、基层、群众解放思想、积极探索，鼓励不同区域进行差别化试点，善于从群众关注的焦点、百姓生活的难点中寻找改革切入点，推动顶层设计和基层探索良性互动、有机结合"④；"试点是改革的重要任务，更是改革的重要方法。试点能否迈开步子、趟出路子，直接关系改革成效……发挥好试点对全局性改革的示范、突破、带动作用"⑤；

① 习近平：《在广东考察工作时的讲话》（2012 年 12 月 7 日至 11 日），中共中央文献研究室编：《习近平关于全面深化改革论述摘编》，中央文献出版社 2014 年版，第 33 页。

② 习近平：《在中共十八届三中全会第二次全体会议上的讲话》（2013 年 11 月 12 日），中共中央文献研究室编：《习近平关于全面深化改革论述摘编》，中央文献出版社 2014 年版，第 43 页。

③ 习近平：《在中央经济工作会议上的讲话》（2013 年 12 月 10 日），中共中央文献研究室编：《习近平关于全面深化改革论述摘编》，中央文献出版社 2014 年版，第 50 页。

④ 《鼓励基层群众解放思想积极探索　推动改革顶层设计和基层探索互动》，《人民日报》2014 年 12 月 3 日。

⑤ 《树立改革全局观积极探索实践　发挥改革试点示范突破带动作用》，《人民日报》2015 年 6 月 6 日。

等等。这些重要论述，深刻阐明了改革试点的重要意义，对如何开展试点工作提供了基本遵循。

针对改革试点工作中存在的目的不清、针对性不强、滥发“帽子”、交叉重叠、成果总结推广不及时、有始无终等问题，党中央进一步加强和规范改革试点工作。2016 年 3 月 22 日，中央全面深化改革领导小组第二十二次会议审议通过《关于加强和规范改革试点工作的意见》。会议强调，要准确把握改革试点方向，把制度创新作为核心任务，发挥试点对全局改革的示范、突破、带动作用；要加强试点工作统筹，科学组织实施，及时总结推广；对试点项目进行清理规范，摸清情况，分类处理。①

党的十八届三中全会以来，党中央对于关系重大、需要进行探索的改革，一般都采取试点先行的办法，取得经验后再推广。中央深改组几乎每次会议都审议通过一些领域、行业、部门的改革试点意见，从自贸试验区改革试点到司法领域改革试点，从国企改革试点到社会体制改革试点，从群团工作改革试点到国家监察体制改革试点，改革试点由点及面、次第开花。其中，部分先后审议的改革试点方案包括:《关于司法体制改革试点若干问题的框架意见》《上海市司法改革试点工作方案》《积极发展农民股份合作赋予集体资产股份权能改革试点方案》《关于中国(上海)自由贸易试验区工作进展和可复制改革试点经验的推广意见》《关于农村土地征收、集体经营性建设用地入市、宅基地制度改革试点工作的意见》《最高人民法院设立巡回法庭试点方案》《设立跨行政区划人民法院、人民检察院试点方

① 《推动改革举措精准对焦协同发力　形成落实新发展理念的体制机制》,《人民日报》2016 年 3 月 23 日。

案》《关于城市公立医院综合改革试点的指导意见》《人民陪审员制度改革试点方案》《检察机关提起公益诉讼改革试点方案》《中国科协所属学会有序承接政府转移职能扩大试点工作实施方案》《关于开展领导干部自然资源资产离任审计的试点方案》等。这些改革试点,成为改革能否全面铺开的试验田,发挥了先遣队的作用,为全面推进改革提供了可复制可推广的经验。

2015 年 2 月 27 日,中央全面深化改革领导小组第十次会议审议通过《上海市开展进一步规范领导干部配偶、子女及其配偶经商办企业管理工作的意见》。会议指出,对上海进行这项工作试点,中央有关部门要给予支持,跟踪进展,总结经验,在试点基础上扩大试点、逐步全面推开。3 月 5 日,习近平总书记在参加十二届全国人大三次会议上海代表团审议时,肯定上海市委针对少数领导干部配偶和子女经商办企业的问题提出进一步规范的意见,要求上海在试点中按照国家法律和党内法规稳妥实施,在实践中发现问题、不断完善,形成可复制、可推广的成果。

2015 年 5 月 4 日,中共上海市委办公厅、上海市人民政府办公厅公布实施《关于进一步规范上海市领导干部配偶、子女及其配偶经商办企业行为的规定(试行)》,明确上海市级领导干部的配偶不得经商办企业;其子女及其配偶不得在上海本市经商办企业;对填报配偶、子女及其配偶有经商办企业情况的领导干部,进行专项核实;对填报配偶、子女及其配偶无经商办企业情况的领导干部,按每年 20%的比例抽查。重点核查是否存在漏报、瞒报。对违反规定的领导干部,或其相关亲属退出经商办企业活动,或领导干部本人辞职;对于不如实报告或未及时纠正的,给予其组织处理或纪律处分;涉嫌违法的，移送有关机关调查处理。至 2016 年 3 月，该规定实施近一年来，上海已对 1802 名省级干部和司局级干部进行全覆盖的专项申报，并对申报情况进行核实甄别，有 182 名领导干部亲属经商办企业被纳入“需要规范”的范围。

上海的试点，为其他地区提供了可复制的经验。2016 年 4 月 18 日，中央全面深化改革领导小组第二十三次会议审议通过北京市、广东省、重庆市、新疆维吾尔自治区关于进一步规范领导干部配偶、子女及其配偶经商办企业行为的规定（试行）。会议决定在上海先行开展试点的基础上，继续在北京、广东、重庆、新疆开展试点。要求按照规范对象范围，从严规范、率先规范、以上率下。严格界定经商办企业行为，细化规范程序，明确操作依据，确保规范工作有序进行。把集中规范和日常监管有机结合起来，规范工作基本完成后，要转入常态化管理，推动形成常态化、长效化的制度安排。①

至 2017 年 2 月底，上海全市 334 家单位的 2133 名市管干部就配偶、子女及其配偶经商办企业情况作专项申报，并由相关部门一一甄别核实；对 229 名领导干部亲属经商办企业行为进行了规范，其中 137 人的亲属退出经商办企业活动；11 人调整现任职务；10 人免职退休；1 人辞去现任职务；3 人涉及严重违纪，由相关部门调查处理；50 人作出书面承诺；17 人不属于规范范围。对领导干部亲属经商办企业行为的整体规范工作制度纳入常态化管理：严格审核市管干部拟提任人选，如存在亲属经商办企业，一律不列入提拔对象；严格审核换届考察人选，对存在亲属经商办企业情况的干部，不作为换届考

---

① 《改革既要往增添发展新动力方向前进，也要往维护社会公平正义方向前进》，《人民日报》2016 年 4 月 19 日。

察人选；严格审核市管干部后备人选，把亲属存在经商办企业行为作为后备人选禁区，一旦查实，一律排除出市管干部后备人选名单。同时，上海每年按照20%的比例对填报亲属无经商办企业行为的领导干部进行抽查核实，重点核查是否存在漏报或瞒报情况，确保监督及时经常有效。对选择配偶、子女及其配偶退出经商办企业活动的领导干部，就依法依规办理退出手续情况进行核查和督察，发现存在利益输送等违规行为或“明退暗不退”情况的，依纪依法严肃处理。①

（三）“四梁八柱”性改革全面铺开

五年来，以习近平同志为核心的党中央以“明知山有虎，偏向虎山行”的勇气大刀阔斧、攻坚克难，以“图难于其易，为大于其细”的智慧运筹帷幄、总揽全局，以“咬定青山不放松”的决心严明责任、狠抓落实，坚持抓重点和带整体相结合、治标和治本相促进、重点突破和渐进推动相衔接，“四梁八柱”性改革举措基本出台。

截至 2017 年 6 月底，中央全面深化改革领导小组已召开 36 次会议，对十八届三中、四中、五中、六中全会作出的 616 项改革决策进行具体部署，涉及司法、财税、户籍制度、央企薪酬、考试招生、农村土地、公立医院、科技体制、足球、计划生育等各个方面。

2014 年至 2016 年，中央深改组确定的 278 项重点改革任务基本完成，共出台改革举措 1204 条。其中，2014 年中央深改组确定的 80 个重点改革任务基本完成，中央有关部门完成 108 个改革任务，共出

---

① 《上海规范领导干部家属经商办企业》，《人民日报》2017 年 3 月 1 日。

台370条改革举措;2015年各领域改革再提速,中央深改组确定的101个重点改革任务基本完成,中央有关部门完成153个改革任务,各方面共出台改革成果415条,国防和军队体制改革也在2015年年底的中央军委改革工作会议上一锤定音;2016年共完成97个重点改革任务,中央和国家机关有关部门还完成194个改革任务,各方面共出台419个改革方案。对此,新加坡《联合早报》评价:“环顾世界,没有一个国家能够像当今中国这样,以一种说到做到、只争朝夕的方式全面推进改革进程。”①

各领域改革呈现不断提速、全面铺开的良好态势,关键领域改革向纵深推进。财税金融体制改革稳步推进,全面放开贷款利率管制,取消存款利率浮动上限,汇率双向浮动弹性增强,存款保险制度正式实施,沪港通、深港通开通;投融资体制改革全面展开,政府和社会资本合作(PPP)项目落地加快;机关事业单位养老保险制度稳步推进,户籍制度改革加快,建立了城乡统一的户口登记制度。② 生态保护体制不断完善,出台《党政领导干部生态环境损害责任追究办法(试行)》《关于健全生态保护补偿机制的意见》等文件;领导干部干预司法活动、插手具体案件处理的记录、通报和责任追究制度正式建立;等等。

全面深化改革,让人民群众有了更多获得感。高考综合改革试点顺利实施,更多农村娃能上好大学;医药卫生体制改革深化,公立

---

① 《为筑梦中国提供不竭动力——党的十八大以来全面深化改革述评》,《人民日报》2016年2月22日。

② 《新理念引领新常态　新实践谱写新篇章——党的十八大以来经济社会发展成就系列之一》,中华人民共和国国家统计局网,http://www.stats.gov.cn/tjsj/sjjd/201706/t20170616_1504091.html。

医院医药价格改革在县级全覆盖、在9个省的城市全面实施，理顺医药比价，推进分级诊疗，更多病人不再“小病靠忍，大病靠拖”；全面放开二孩，优化人口结构；户籍制度改革坚定推进，户口本不再成为阻隔城乡流动的高墙；公安改革全面深化，无户口人员登记户口、异地办身份证、考驾照、做车检等更加便捷；出租车改革和网约车新政方案出台，明确“网约车合法”；从“零门槛”注册公司到“三证合一、一照一码”，商事制度改革让2016年上半年全国新设市场主体783.8万户，同比增长13.2%，平均每天新登记4万户，其中企业1.4万户。

部分领域改革取得突破性进展。从2012年起，经过五年的努力，营业税改征增值税，从最初在8省(市)交通运输业和部分现代服务业试点，到2013年8月1日推广到全国试点，并把广播影视服务业纳入试点范围；到2014年1月1日，把铁路运输和邮政服务业纳入试点；到2016年5月1日全面推开，把建筑业、房地产业、金融业、生活服务业全部纳入营改增试点；2017年7月1日起，增值税税率由四档减至17%、11%和6%三档，取消13%这一档税率；将农产品、天然气等增值税税率从13%降至11%。至此，营业税正式退出历史舞台，结束了从1994年以来增值税和营业税并存的体制，有效缓解了两税并存导致的货物服务税制差异、对企业经营造成扭曲等问题，进一步简化了税制和征管，降低了征纳成本，促进了服务业加快发展和制造业转型升级，为中国经济发展提供了新动能。据统计，全面推开营改增试点一年来，即从2016年5月至2017年4月，累计减税6993亿元，98.7%的试点纳税人实现税负降低或持平，所有行业税负只减不增的预期目标已经实现。其中，新增试点的建筑、房地产、金融和生活服务四大行业累计减税 2419 亿元，前期试点的“3+7”行业（交通运输业、邮政业、电信业 3 个大类行业和研发技术、信息技术、文化创意、物流辅助、有形动产租赁、鉴证咨询、广播影视 7 个现代服务业）累计减税 2162 亿元，原增值税行业，主要是制造业累计减税 2412 亿元。营改增后，大量服务业企业（属于小规模纳税人）税负下降约 40%，建筑、房地产、金融和生活服务四大行业新办企业户数就累计增加 153 万户，每个月平均 13 万多户。

价格市场化改革强力推进。按照十八届三中全会“市场在资源配置中起决定性作用”的精神，2015 年 10 月，中共中央、国务院发出《关于推进价格机制改革的若干意见》，对推进价格机制改革作出具体部署。五年来，竞争性领域和环节价格放开，政府定价范围大幅缩减，中央、地方具体定价项目分别减少约 80%和 55%。2016 年，在先期深圳、湖北、安徽、云南、贵州、宁夏开展输配电价改革试点的基础上，把试点范围扩大到北京、天津、冀南、冀北、山西、陕西、江西、湖南、四川、重庆、广东、广西 12 个省级电网和华北区域电网，同时开展电力体制综合改革的试点省份也纳入到输配电价改革试点。完善并实施煤电价格联动机制，大幅度降低燃煤发电上网电价和工商业电价（其中 2016 年 1 月份，燃煤机组上网电价、一般工商业电价平均降低每千瓦时 3 分钱，减轻工商企业电费支出近 300 亿元；2016 年 5 月，通过统筹利用取消化肥优惠电价等腾出的空间，再次降低电价，涉及降价的 21 个省份一般工商业电价平均降低每千瓦时 1.05 分钱、大工业电价平均降低每千瓦时 1.1 分钱，减轻工商企业电费支出约 170 亿元）。成品油价格形成机制不断完善，朝市场化方向迈出重要步伐。液化石油气出厂价格全面放开，非居民用天然气价格全面理顺，直供用户用气价格放开。居民用电用水用气阶梯价格制度普遍推行。据统计，仅2016年，实施煤电价格联动机制、输配电价改革、落实降低非居民用天然气价格政策等，企业用能成本减少2000多亿元。

国有企业改革取得阶段性成果。五年来，国企改革顶层设计基本完成，出台深化国有企业改革的指导意见、国有企业发展混合所有制经济、改革完善国有资产管理体制、深化电力体制改革的若干意见等系列重要文件。公司制股份制混合所有制改革有序推进。截至2016年年底，国资委监管的中央企业各级子企业公司制改制面达到92%，省级国资委监管企业改制面超过90%。中央企业集团及下属企业混合所有制企业（含参股）占比达到了68.9%，上市公司的资产、营业收入和利润总额在中央企业“总盘子”中的占比分别达到61.3%、62.8%和76.2%。省级国资委所出资企业及各级子企业（合并报表范围内）混合所有制企业占比达到47%。中央企业二级子企业混合所有制企业户数占比达到了22.5%。截至2017年3月底，126家省级国资委监管的一级企业集团层面完成了混合所有制改革。国有企业公司法人治理结构日趋完善，102家中央企业中建立规范董事会的达到83家，占比超过80%；中央企业外部董事人才库已经达到417人，专职外部董事增加到33人。各省（区、市）国资委所监管一级企业中有88%已经建立了董事会，其中外部董事占多数的企业占比13.1%。

国企改革在人员能上能下、能进能出方面取得明显成效。中央企业集团总部人员在岗人数由2015年的2.77万人减少到2016年的2.64万人，同比下降4.6%；总部人均管理资产由2015年的17.2

亿元增长到2016年的19.1亿元，同比增长11.1%，管理效能进一步提升。通过强强联合、优势互补、吸收合并、共建共享，推动了15对28家中央企业重组整合，国资委监管的中央企业已经调整到102家。党组织在公司治理中的法定地位进一步明确，中央企业全部开展集团层面章程修订，已有3076家中央企业所属二三级单位实现党建工作要求进章程；已有2490家设立董事会的中央企业所属二三级单位实现了“一肩挑”；已有2636家中央企业所属二三级单位配备专职副书记，91家中央企业集团总部党务部门编制达到了不少于同级部门平均编制的要求。

国有企业负责人薪酬制度改革加快推进。长期以来，部分中央管理企业负责人薪酬结构不尽合理、薪酬监管体制不够健全，特别是有的负责人收入过高，与普通职工收入差距过大，成为群众诟病的一大问题。数据显示，2013年我国沪深上市公司主要负责人年平均薪酬水平为76.3万元，全部负责人平均薪酬水平为46.1万元；央企负责人薪酬水平是同期沪深上市公司主要负责人的大约2—3倍，与职工薪酬差距达到12倍之多（2002年为9.85倍），显著偏高。① 为解决这一问题，2014年8月18日上午，习近平总书记主持召开中央全面深化改革领导小组第四次会议，审议通过《中央管理企业主要负责人薪酬制度改革方案》《关于合理确定并严格规范中央企业负责人履职待遇、业务支出的意见》。会上，习近平总书记指出，要从我国社会主义初级阶段基本国情出发，适应国有资产管理体制和国有企业改革进程，逐步规范国有企业收入分配秩序，实现薪酬水平适

① 《〈中央管理企业负责人薪酬制度改革方案〉2015年1月1日正式实施》，《中国青年报》2015年1月4日。

当、结构合理、管理规范、监督有效,对不合理的偏高、过高收入进行调整。合理确定并严格规范中央企业负责人履职待遇、业务支出,是改作风的深化,也是反“四风”的深化,国有企业要做贯彻落实中央八项规定精神、厉行节约反对浪费的表率。要合理确定并严格规范中央企业负责人履职待遇、业务支出,除了国家规定的履职待遇和符合财务制度规定标准的业务支出外,国有企业负责人没有其他的“职务消费”,按照职务设置消费定额并量化到个人的做法必须坚决根除。①

2015 年 1 月 1 日,《中央管理企业负责人薪酬制度改革方案》正式实施。改革首批将涉及 72 家央企的负责人,包括中石油、中石化、中国移动等组织部门任命负责人的 53 家央企,以及其他金融、铁路等 19 家企业。调整后,央企负责人薪酬包括基本年薪(上年度央企在岗职工年平均工资 2 倍)、绩效年薪(不超过基本年薪的 2 倍)、任期激励收入(不超过年薪总水平的 30%)三部分,明确兼职不可以兼薪。方案实施后,多数中央管理企业负责人薪酬水平下降,有的下降幅度还比较大。比如,2014 年中国神华 17 位高管年度报酬总额为 1437 万元,人均薪酬为 85 万元;2015 年 14 位高管的年度报酬总额为 694 万元,人均薪酬为 50 万元,下降 41%。

群团改革开始启动。2015 年 2 月,中共中央印发《关于加强和改进党的群团工作的意见》。2015 年 7 月 6 日至 7 日,中央党的群团工作会议在北京召开,习近平总书记出席会议并作重要讲话。由党中央召开党的群团工作会议,在党的历史上还是第一次。这次会

① 习近平:《共同为改革想招一起为改革发力 群策群力把各项改革工作抓到位》,《人民日报》2014 年 8 月 19 日。

议，对推进群团组织改革作了部署。习近平总书记在会上强调，要坚持眼睛向下、面向基层，改革和改进机关机构设置、管理模式、运行机制，坚持力量配备、服务资源向基层倾斜。要积极联系和引导相关社会组织。要高度注意群众的广泛性和代表性问题，更多把普通群众中的优秀人物纳入组织，明显提高基层一线人员比例。①

2015 年 11 月 9 日上午，中央全面深化改革领导小组第十八次会议审议通过《全国总工会改革试点方案》《上海市群团改革试点方案》《重庆市群团改革试点方案》三个有关文件。会议指出，推进党的群团改革，必须紧紧围绕保持和增强政治性、先进性、群众性这条主线，强化问题意识、改革意识，着力解决突出问题，把群团组织建设得更加充满活力、更加坚强有力。试点部门和地方要加强统筹协调，针对突出问题，对症下药，标本兼治，积极创造可复制可推广的经验。

至 2017 年 3 月底，《全国总工会改革试点方案》有序有力有效推进，31 个省（区、市）总工会参照全总改革试点方案，均已制定改革方案，工会系统改革创新工作全面展开。试点方案提出的 7 个方面 27 条改革举措均如期完成，原定制订 25 项制度文件而实际出台 35 项，改革试点工作实现了既定目标，取得了阶段性成果，一是以整合机构优化职能为突破口，增强工会组织的广泛性代表性。二是以改进干部管理方式为关键点，激发机关干部的动力和活力。三是以增强基层活力发挥作用为着力点，推动工会工作的重心下移力量下沉。四是以建设“互联网+”工会工作新格局为手段，实现服务职工群众全

① 《切实保持和增强政治性先进性群众性，开创新形势下党的群团工作新局面》，《人民日报》2015 年 7 月 8 日。

方位全天候。①

2016年2月2日，中央巡视组向团中央反馈专项巡视情况时指出，团中央改革创新行动不坚决、措施不具体，对下指导不及时，“机关化、行政化、贵族化、娱乐化”问题仍然存在。对此，按照中央要求，团中央专门制定整改方案，加快推进共青团改革。针对“机关化”倾向，推动各级团的领导机关实现开放日常态化，完善团干部常态化下沉基层、向基层服务对象报到、每名专职团干部经常性联系不同领域的团员青年等直接联系青年机制，加强督导检查和专项考核，探索制订基层党政领导、团干部和普通青年的反馈评价机制。2016年7月，中央办公厅印发《共青团中央改革方案》，明确了共青团中央改革的指导思想、基本原则、主要目标，并从四大方面（改进团中央领导机构人员构成、机构设置和运行机制；改革团中央机关干部选拔、使用和管理；改革创新团的工作、活动和基层组织建设；加大党委和政府对共青团工作的支持保障力度）、十二个领域提出了改革措施。

（四）领导好全面深化改革这场攻坚战

全面深化改革，涉及面之广、任务之重前所未有，阻力之大、难度之大前所未有，必须要有坚强的集中统一领导，方能有力推进。五年来，对于全面深化改革，始终是在以习近平同志为核心的党中央直接领导下进行的，而且习近平总书记亲自谋划、部署和推进，并多次作重要讲话，为领导好全面深化改革提供了基本遵循。

---

① 《关于全国总工会改革试点工作的总结报告》，《工人日报》2017年3月28日。

2012年12月7日至11日,党的十八大刚闭幕不久,习近平总书记到地方考察的第一站,就选择了改革开放的前沿广东。每到一处,他都听意见、讲改革。一路上,“改革不停顿、开放不止步”掷地有声。8日上午,在深圳莲花山公园,习近平总书记还特地向改革开放的总设计师邓小平铜像敬献花篮。他指出:“我们来瞻仰邓小平铜像,就是要表明我们将坚定不移推进改革开放,奋力推进改革开放和现代化建设取得新进展、实现新突破、迈上新台阶”,“现在我国改革已经进入攻坚期和深水区,我们必须以更大的政治勇气和智慧,不失时机深化重要领域改革”,“敢于啃硬骨头,敢于涉险滩,既勇于冲破思想观念的障碍,又勇于突破利益固化的藩篱”。[①] 这次考察,备受国内外媒体关注,充分体现习近平总书记坚持改革的决心、担当和勇气。

2013年11月,党的十八届三中全会决定成立中央全面深化改革领导小组,负责改革总体设计、统筹协调、整体推进、督促落实。对此,习近平总书记专门作出说明,强调“全面深化改革是一个复杂的系统工程,单靠某一个或某几个部门往往力不从心,这就需要建立更高层面的领导机制”,成立全面深化改革领导小组“是为了更好发挥党总揽全局、协调各方的领导核心作用,保证改革顺利推进和各项改革任务落实。领导小组的主要职责是:统一部署全国性重大改革,统筹推进各领域改革,协调各方力量形成推进改革合力,加强督促检查,推动全面落实改革目标任务”[②]。

---

① 《增强改革的系统性整体性协同性　做到改革不停顿开放不止步》,《人民日报》2012年12月12日。

② 习近平:《关于〈中共中央关于全面深化改革若干重大问题的决定〉的说明》,《人民日报》2013年11月16日。

2013 年 12 月 30 日，中共中央政治局召开会议，决定正式成立中央全面深化改革领导小组，由习近平总书记亲自任组长。中央全面深化改革领导小组主要职责是研究确定经济体制、政治体制、文化体制、社会体制、生态文明体制和党的建设制度等方面改革的重大原则、方针政策、总体方案；统一部署全国性重大改革；统筹协调处理全局性、长远性、跨地区跨部门的重大改革问题；指导、推动、督促中央有关重大改革政策措施的组织落实。

2014 年 1 月 22 日，习近平总书记主持召开中央全面深化改革领导小组第一次会议并发表重要讲话，中共中央政治局常委、中央全面深化改革领导小组副组长李克强、刘云山、张高丽出席会议。会议审议通过《中央全面深化改革领导小组工作规则》《中央全面深化改革领导小组专项小组工作规则》《中央全面深化改革领导小组办公室工作细则》；审议通过中央全面深化改革领导小组下设经济体制和生态文明体制改革、民主法制领域改革、文化体制改革、社会体制改革、党的建设制度改革、纪律检查体制改革 6 个专项小组名单；审议通过了《中央有关部门贯彻落实党的十八届三中全会〈决定〉重要举措分工方案》。习近平总书记指出，专项小组、中央改革办、牵头单位和参与单位，要建好工作机制，做到既各司其职、各负其责又加强协作配合，形成工作合力。一要抓统筹，既抓住重点也抓好面上，既抓好当前也抓好长远。二要抓方案，抓紧出台施工方案，按照施工方案，推进各项改革举措落地。三要抓落实，要有时间表，一项一项抓落实，以多种形式督促检查。四要抓调研，加强对重大改革问题的调研，尽可能多听一听基层和一线的声音，尽可能多接触第一手材料，做到重要情况心中有数。专项小组和中央改革办要尽快运转起来。

各省区市要尽快建立全面深化改革领导小组，有关部委的改革责任机制也要尽快建立起来，并同领导小组形成联系机制。要抓紧研究提出领导小组2014年工作要点，把握大局、扎实推进。①

中央全面深化改革领导小组成立后，强力推进各项改革。2014年，习近平总书记主持深改组召开了8次会议，通过37份文件，平均每次会议通过4.6份，最多一次通过6份文件；2015年，习近平总书记主持召开深改组11次会议，通过65份文件，平均每次会议通过5.9份，最多一次通过10份文件；2016年，习近平总书记主持召开深改组12次会议，通过的文件激增到了116份，平均每次会议通过9.7份，其中8月30日召开的第二十七会议，一次通过了14份文件，创下新高。

对于十八届三中、四中、五中、六中全会部署的总计616项改革举措，中央深改组将其纳入改革任务总台账、总盘子，做到一体部署、一体落实、一体督办。2014年10月27日，习近平总书记主持召开中央全面深化改革领导小组第六次会议并发表重要讲话。他强调，党的十八届四中全会通过了全面推进依法治国的决定，与党的十八届三中全会通过的全面深化改革的决定形成了姊妹篇。要把党的十八届四中全会提出的180多项对依法治国具有重要意义的改革举措，纳入改革任务总台账，一体部署、一体落实、一体督办。② 2015年11月9日，习近平总书记主持召开中央全面深化改革领导小组第十八次会议并发表重要讲话。会议强调，《中共中央关于制定国民经济和社会发展第十三个五年规划的建议》以我国经济社会发展为主

① 《把握大局审时度势统筹兼顾科学实施，坚定不移朝着全面深化改革目标前进》，《人民日报》2014年1月23日。

② 《运用法治思维和法治方式推进改革》，《人民日报》2014年10月28日。

轴，同时也是一个通篇贯穿改革精神的文件，包含着大量改革部署，是改革和发展的“双重奏”。对五中全会提出的改革任务，要纳入改革台账，由中央全面深化改革领导小组统筹部署、推动落实。要统筹抓好党的十八届三中、四中、五中全会部署的改革任务，实现梯次接续、前后衔接、纵深推进。① 2016年12月5日，习近平总书记主持召开中央全面深化改革领导小组第三十次会议并发表重要讲话。会议强调，要推动落实党的十八届三中、四中、五中全会部署的改革任务，把六中全会提出的全面从严治党的改革任务纳入总盘子一体推进。要投入更多力量狠抓落实，健全各部门各地区改革督察机制。②

领导和推进全面深化改革，一个重要环节就是督察。由于全面深化改革涉及的领域较多，牵涉的关系也较广，难度较大。全面深化改革启动以来，一些领域进度较慢，甚至出现改革“空转”的情况。有以会议贯彻会议，以文件落实文件的，“只到膝盖不落地”；也有方案出手就放手，不指导、不督察，“管生不管养”的。③ 比如，国企改革部分举措落实不到位。2016年6月1日，中央第十四巡视组向国资委党委反馈巡视情况时，提到“党的领导弱化，落实中央决策部署不到位，推进国资国企改革进度缓慢，改革系统性、针对性、时效性不够强”。

对此，习近平总书记在中央深改组第一次会议上就强调要抓落实、以多种形式督促检查。并多次在主持中央深改组会议时强调，要

---

① 《全面贯彻党的十八届五中全会精神　依靠改革为科学发展提供持续动力》，《人民日报》2015年11月10日。

② 《总结经验完善思路突出重点　提高改革整体效能扩大改革受益面》，《人民日报》2016年12月6日。

③ 金社平：《全面深化改革三年了》，《人民日报》2016年11月14日。

狠抓工作落实，实施方案要抓到位，实施行动要抓到位，督促检查要抓到位，强化督促考核机制；要高度重视改革方案的制定和落实工作，严把改革督察关；要调配充实专门督察力量，开展对重大改革方案落实情况的督察，做到改革推进到哪里、督察就跟进到哪里；等等。2016年2月23日，习近平总书记在主持召开中央全面深化改革领导小组第二十一次会议时强调，要以钉钉子精神抓好改革落实，扭住关键、精准发力，敢于啃硬骨头，盯着抓、反复抓，直到抓出成效。会议指出，要抓主体责任、抓督办协调、抓督察落实、抓完善机制、抓改革成效、抓成果巩固。[①] 2016年7月22日，习近平总书记主持召开中央全面深化改革领导小组第二十六次会议并发表重要讲话。他强调，各地区各部门要以更大的决心和气力抓好改革督察工作，既要督任务、督进度、督成效，也要察认识、察责任、察作风，确保党中央确定的改革方向不偏离、党中央明确的改革任务不落空，使改革精准对接发展所需、基层所盼、民心所向。[②]

为加强改革督察，2017年6月，中共中央印发《关于加强新形势下党的督促检查工作的意见》（以下简称《意见》）。《意见》深入贯彻党的十八大以来以习近平同志为核心的党中央对加强督促检查、抓好落实作出的一系列重要指示和部署，从指导思想、主要任务、工作原则、工作制度、效能建设、组织领导等方面，对加强新形势下党的督促检查工作提出明确要求和重要措施。《意见》强调，要强化各级

---

① 《深入扎实抓好改革落实工作，盯着抓反复抓直到抓出成效》，《人民日报》2016年2月24日。

② 《以更大的决心和气力抓好改革督察工作　使改革精准对接发展所需基层所盼民心所向》，《人民日报》2016年7月23日。

党委的督促检查工作主体责任，建立健全党委领导、党委办公厅（室）牵头抓总、部门分工负责、各方面参与的督促检查工作格局，形成抓落实合力。各级党委要将作决策、抓督察、保落实一体部署、一体推进，党委书记、党委常委会委员、党委委员要亲自抓督促检查工作；党委办公厅（室）要切实履行抓落实基本职能，主动谋划、加强协调；党委工作部门、党组、基层党组织要认真履行职责范围内的督促检查工作责任。

按照中央要求，各地区、单位认真开展改革督察工作。中央全面深化改革领导小组办公室督察局多次到各地开展改革督察。比如，2017 年 3 月 9 日至 11 日，中央改革办督察局专程到山东威海市，督导公安改革重点落实居民身份证“异地受理、挂失申报和丢失招领”三项制度情况，并对做好下一步公安改革工作提出三点要求：一是群众的呼声就是改革的方向，切实增强人民群众的获得感。二是坚持问题导向，切实把居民身份证三项制度落到实处。三是加大督导检查宣传力度，切实把顶层设计落实到最后一公里。2017 年 6 月，国土资源部全面启动农村土地制度改革三项试点督察工作，国土部相关司局、各督察局及中央改革办、中央财办、中央农办等相关部门组成 15 个督察组赴 33 个试点地区进行实地督察。2017 年，中央环保督察组将实现中央环保督察全覆盖。江苏、湖南、四川等地探索实行深改领导小组分级督察，省市县不同层级各负其责、各有侧重。各地区对督察内容和程序也越来越明确，纷纷拿出施工图、时间表，试图通过标准化、规范化的督察工作，推动改革任务精准发力。

二、主动适应、把握、引领经济发展新常态

我国经济发展进入新常态，是十八大以来党中央综合分析世界经济长周期和我国发展阶段性特征作出的重大战略判断。① 习近平总书记从国家战略的高度，对新常态的基本特点、科学内涵作了精辟阐释，对新常态怎么看、新常态下怎么干提出了明确要求。五年来，以习近平为核心的党中央主动适应、把握、引领新常态，与时俱进抓好经济工作，推动经济持续健康发展，为如期全面建成小康社会，进而实现第二个百年奋斗目标、实现中华民族伟大复兴奠定坚实物质基础。②

（一）经济发展进入新常态

自 2008 年金融危机以来，全球经济持续动荡。受全球金融危机的影响，中国经济也出现了增速放缓的现象，国际市场动荡和外需相

① 《主动适应、把握、引领经济发展新常态——关于促进经济持续健康发展》，《人民日报》2016 年 5 月 3 日。

② 《主动适应、把握、引领经济发展新常态——关于促进经济持续健康发展》，《前进》2016 年第 9 期。

对收缩对我国经济增长形成了制约。尽管在此过程中,国家从宏观上采取了一系列稳增长的调控政策和措施,但由于固定资产投资增速回落、内需不足的矛盾凸显以及外部环境带来的不利影响,中国经济下行压力仍然很大。由于总量矛盾与结构性矛盾交织在一起,尤其是改革开放近40年来,经济高速增长过程中长期积累的不平衡、不协调、不可持续的矛盾尚未得到有效化解。

2013年10月,习近平总书记在出席亚太经合组织工商领导人峰会时明确提出:“中国经济已经进入新的发展阶段,正在进行深刻的方式转变和结构调整”。随后在2013年年底召开的中央经济工作会议上,作出了中国经济正处在“三期叠加”阶段的判断。[①] 2014年7月29日,在中共中央召开的党外人士座谈会上,习近平总书记又强调,要“正确认识我国经济发展的阶段性特征,进一步增强信心,适应新常态,共同推动经济持续健康发展”,[②]将适应新常态与正确认识阶段性特征相提并论,强调既要认识这种变化又要适应这个进程,并以此作为促进经济持续健康发展的重要条件。2014年11月,在亚太经合组织工商领导人峰会开幕式上,习近平总书记分析指出中国经济呈现出新常态,有几个主要特点:一是从高速增长转为中高速增长;二是经济结构不断优化升级,第三产业、消费需求逐步成为主体,城乡区域差距逐步缩小,居民收入占比上升,发展成果惠及更广大民众;三是从要素驱动、投资驱动转向创新驱动。同时也指出,

① 三期叠加:1. 增长速度换档期,是由经济发展的客观规律所决定的。2. 结构调整阵痛期,是加快经济发展方式转变的主动选择。3. 前期刺激政策消化期,是化解多年来积累的深层次矛盾的必经阶段。

② 中共中央文献研究室:《习近平关于全面深化改革论述摘编》,中央文献出版社2014年版,第39页。

新常态将给中国带来新的发展机遇。① 经济发展新常态的提出，这是党中央审时度势，对中国经济发展阶段转变的重大概括，是认识和遵循经济社会发展规律的重大体现，也是对中国特色社会主义政治经济学理论的重大发展。②

中国经济发展步入新常态，经济增速从10%左右的高速增长转向7%左右的中高速增长。从要素结构、产业结构、经济总量等方面来看，中国经济逐步转向中高速是短期需求减弱与中期结构调整叠加的结果，符合经济发展的内在规律。认识新常态，适应新常态，引领新常态，是当前和今后一个时期中国经济发展的大逻辑。③ 经济发展向新常态的转变，是中国经济从量变到质变长期积累、发展演化的结果。它一方面表明，我国的经济发展取得了巨大的历史成就，达到了新的高度，站上了新的平台；另一方面表明，我国的经济发展还任重道远，现代化还有很长的路要走。④

尽然如此，中国经济仍是世界经济增长的重要引擎，中国正着力推进更高层次对外开放，进一步放宽外资准入、加快双边、多边自贸区建设，特别是随着“一带一路”建设的实施，中国同其他国家的经济联系将进一步增强，对全球经济增长的带动作用将更加凸显。我国经济发展进入新常态，向形态更高级、分工更优化、结构更合理阶段演化的趋势更加明显。但同时，发展方式粗放，不平

---

① 《习近平出席亚太经合组织工商领导人峰会开幕式并发表主旨演讲》，《人民日报》2014年11月10日。

② 郭克莎：《中国经济发展进入新常态的理论根据——中国特色社会主义政治经济学的分析视角》，《经济研究》2016年第9期。

③ 牛犁：《如何看待当前中国经济形势》，《人民日报》2015年9月24日。

④ 张宇：《新常态下我国经济发展的新特点》，《人民日报》2015年12月15日。

衡、不协调、不可持续问题仍然突出,经济增速换挡、结构调整阵痛、动能转换困难相互交织,面临稳增长、调结构、防风险、惠民生等多重挑战。①

进入经济发展新常态以来,我国经济结构优化趋势加快。需求结构方面,消费需求在经济增长中的作用日益重要,2016 年,社会消费品零售总额持续保持两位数的增长,最终消费对经济增长的贡献率达到 64.6%,比 2015 年提升了 4.9 个百分点,消费动力还在不断增强。② 同时,个性化、多样化、品质化消费,网上购物、定制消费等方式广泛发展,服务消费、信息消费、绿色消费、时尚消费、品质消费、农村消费等领域的消费升级逐步展开,新的商业机会不断涌现。区域结构方面,中西部地区表现出强劲的发展潜力,重庆、贵州经济增速领跑其他省份。"一带一路"建设、京津冀协同发展、长江经济带建设为引领的区域发展总体战略的实施,不断拓展着区域发展新空间。③

五年来,我国综合国力和国际影响力显著提升。首先表现在经济保持中高速增长。2013 年至 2016 年,国内生产总值年均增长 7.2%,高于同期世界 2.5%和发展中经济体 4%的平均增长水平。消费成为经济增长主要推动力,2013 年至 2016 年,最终消费支出对经济增长的年均贡献率为 55%,高于资本形成总额贡献率 8.5 个百分点。其次表现在就业物价形势稳定。2013 年至 2016 年,城镇新增

---

① 《从习近平谈"十三五"看中国未来经济发展三大密码》,人民网,http://cpc.people.com.cn/xuexi/n1/2016/0324/c385474-28223780.html。

② 《新闻办就供给侧结构性改革促消费等情况举行发布会》,中央人民政府网,http://www.gov.cn/xinwen/2017-02/21/content_5169747.htm#allContent。

③ 张宇:《新常态下我国经济发展的新特点》,《人民日报》2015 年 12 月 15 日。

就业连续四年保持在 1300 万人以上，31 个大城市城镇调查失业率基本稳定在 5%左右，农民工总量年均增长 1.8%。价格涨势温和，2013 年至 2016 年，居民消费价格年均上涨 2.0%。再次表现在国际影响力显著提升。2016 年，我国国内生产总值折合 11.2 万亿美元，占世界经济总量的 15%左右，比 2012 年提高超过 3 个百分点，稳居世界第二位。2013 年至 2016 年，我国对世界经济增长的平均贡献率达到 30%以上，超过美国、欧元区和日本贡献率的总和，居世界第一位。①

图 1　十八大以来综合国力和国际影响力显著提升

资料来源：《十八大以来我国经济社会发展取得新的辉煌成就》。②

① 《十八大以来我国经济社会发展取得新的辉煌成就》，《经济日报》2017 年 6 月 17 日。

② 《十八大以来我国经济社会发展取得新的辉煌成就》，《经济日报》2017 年 6 月 17 日。

与此同时，我国经济社会发展的协调性不断增强。一是城镇化水平不断提高，新型城镇化质量显著提升。2016 年年底，我国户籍人口城镇化率为 41.2%，比 2012 年年末提高 6.2 个百分点，与常住人口城镇化率的差距为 16.1 个百分点，缩小 1.4 个百分点。二是教育事业明显加强。九年义务教育全面普及，高等教育毛入学率显著提高，2016 年达到 42.7%，比 2012 年提高 12.7 个百分点。三是文化繁荣发展呈现新气象。2016 年，居民用于文化娱乐的人均消费支出为 800 元，比 2013 年增长 38.7%，年均增长 11.5%。四是健康中国建设加快推进。每千人口医疗卫生机构床位数由 2012 年的 4.24 张增加到 2016 年的 5.37 张；居民平均预期寿命由 2010 年的 74.83 岁提高到 2015 年的 76.34 岁。五是交通运输能力不断增强。2012 年至 2016 年，高速铁路运营里程由不到 1 万公里增加到 2.2 万公里以上，稳居世界第一；公路里程由 424 万公里增加到 470 万公里，其中高速公路里程由 9.6 万公里增加到 13.1 万公里，位居世界第一。2016 年年底，城市轨道交通运营线路里程 4153 公里，拥有运营线路的城市 30 个。①

人民群众获得感显著增强。一是居民收入保持了较快增长。2016 年，全国居民人均可支配收入 23821 元，比 2012 年增加 7311 元，年均实际增长 7.4%；城乡居民人均可支配收入倍差为 2.72，比 2012 年下降 0.16。二是居民生活质量不断提升。2016 年，全国居民

---

① 《十八大以来我国经济社会发展取得新的辉煌成就》，《经济日报》2017 年 6 月 17 日。

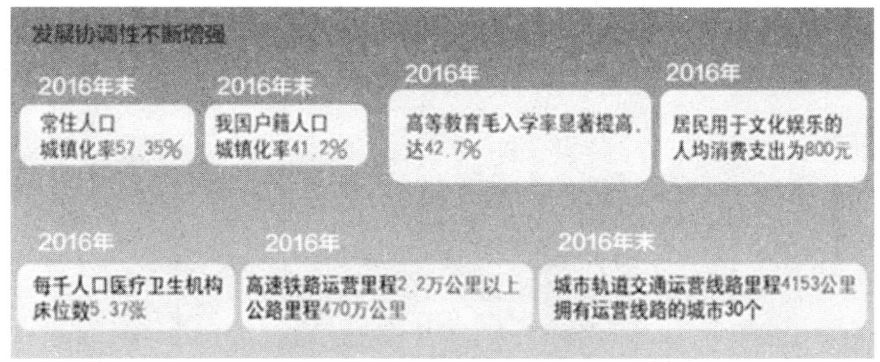

图2　十八大以来我国发展协同性不断增强

资料来源:《十八大以来我国经济社会发展取得新的辉煌成就》。①

人均消费支出 17111 元,比 2012 年增加 4255 元,年均名义增长 7.4%;消费结构升级步伐加快,发展享受型消费占比明显上升,全国居民恩格尔系数为 30.1%,比 2012 年下降 2.9 个百分点,接近联合国划分的 20%至 30%的富足标准;交通通信、教育文化娱乐、医疗保健支出占消费支出的比重分别比 2012 年提高 2.0、0.7 和 1.3 个百分点;居民物质和精神生活进一步丰富,2016 年,全国居民每百户家用汽车拥有量 27.7 辆,比 2013 年增长 63.9%;国内旅游人数 44.4 亿人次,比 2012 年增长 50.2%;出境旅游人数 1.22 亿人次,比 2012 年增长 46.7%。②

---

① 《十八大以来我国经济社会发展取得新的辉煌成就》,《经济日报》2017 年 6 月 17 日。

② 《十八大以来我国经济社会发展取得新的辉煌成就》,《经济日报》2017 年 6 月 17 日。

图 3　十八大以来人民群众获得感显著增强

资料来源:《十八大以来我国经济社会发展取得新的辉煌成就》。①

（二）推进供给侧结构性改革

2015 年以来,中国经济进入了一个新阶段,经济的结构性分化正趋于明显,主要经济指标之间的联动性出现背离,经济增长持续下行与 CPI 持续低位运行,居民收入有所增加而企业利润率下降,消费上升而投资下降,等等。为适应这种变化,在正视传统的需求管理还有一定优化提升空间的同时,迫切需要改善供给侧环境、优化供给侧机制,通过改革制度供给,大力激发微观经济主体活力,增强我国经济长期稳定发展的新动力。2015 年 11 月 10 日,习近平总书记在中央财经工作领导小组第十一次会议上强调,要着力加强供给侧结构

① 《十八大以来我国经济社会发展取得新的辉煌成就》,《经济日报》2017 年 6 月 17 日。

性改革。① 这一论断引发各界高度关注，被认为是中央经济思路上的重大变化。

推进供给侧结构性改革，是党中央和国务院适应和引领经济发展新常态作出的重大举措，是适应国际金融危机发生后综合国力竞争新形势的主动选择，是适应我国经济发展新常态的必然要求。改革开放以来，中国经济持续高速增长，成功步入中等收入国家行列，成为名副其实的经济大国。但随着人口红利衰减、“中等收入陷阱”风险累积、国际经济格局深刻调整等一系列内因与外因的作用，经济发展正进入“新常态”。尤其是我国经济增速自 2010 年以来波动下行，持续时间超过以往任何一个阶段，经济运行呈现出不同以往的态势和特点。其中，供给和需求不平衡、不协调的矛盾和问题日益凸显，突出表现为供给侧对需求侧变化的适应性调整明显滞后。②

纵观国内外经济发展形势，处于转型时期的中国经济，长期向好的基本面没有变，经济韧性好、潜力足、回旋余地大的基本特征没有变，经济持续增长的良好支撑基础和条件没有变，经济结构调整优化的前进态势没有变。但在前进的道路上，长期积累的一些结构性、体制性突出矛盾和问题，已成为中国经济持续向好发展的绊脚石，必须通过一系列的改革来破除。这些突出的结构性矛盾和问题主要表现为“四降一升”，即经济增速下降、工业品价格下降、实体企业盈利下降、财政收入增幅下降、经济风险发生概率上升。这些结构性矛盾如果得不到有效解决，经济增长长期向好的基本面也可能会受到影响，

---

① 《全面贯彻党的十八届五中全会精神　落实发展理念推进经济结构性改革》，《人民日报》2015 年 11 月 11 日。

② 王一鸣：《正确理解供给侧结构性改革》，《人民日报》2016 年 3 月 29 日。

特别是在当前全球经济和国内经济形势下，国民经济不可能通过短期刺激实现V型反弹，可能会经历一个L型增长阶段。推进供给侧结构性改革，是问题倒逼、必经关口，当前中国致力于解决中长期经济问题，传统的凯恩斯主义药方有局限性，根本解决之道在于结构性改革，这是不得不采取的重大举措。①

从“三期叠加”到“新常态”，再到供给侧结构性改革，是一个不断探索、深化认识的过程。推进供给侧结构性改革，是正确认识经济形势后选择的经济治理药方。2013年，党中央认为我国经济进入“三期叠加”阶段，明确了对经济形势应该“怎么看”。2014年，党中央提出经济发展“新常态”，对此作了系统性理论论述，既进一步深化了“怎么看”，又为“怎么干”指明了方向。2015年，中央财经领导小组第十一次会议提出要推进“供给侧结构性改革”，既深化了“怎么看”和“怎么干”的认识，又进一步明确了主攻方向、总体思路和工作重点。2015年12月召开的中央经济工作会议，对供给侧结构性改革进行了全面部署。供给侧结构性改革，即从提高供给质量出发，用改革的办法推进结构调整，矫正要素配置扭曲，扩大有效供给，提高供给结构对需求变化的适应性和灵活性，提高全要素生产率，更好满足广大人民群众的需要，促进经济社会持续健康发展。②

推进供给侧结构性改革是供需结构再平衡的内在要求，也是打造我国国际竞争新优势的关键。供需结构错配是我国当前经济运行中的突出矛盾，矛盾的主要方面在供给侧，主要表现为过剩产能处置缓慢，多样化、个性化、高端化需求难以得到满足，供给侧结构调整受

① 龚雯：《七问供给侧结构性改革》，《人民日报》2016年1月4日。

② 龚雯：《七问供给侧结构性改革》，《人民日报》2016年1月4日。

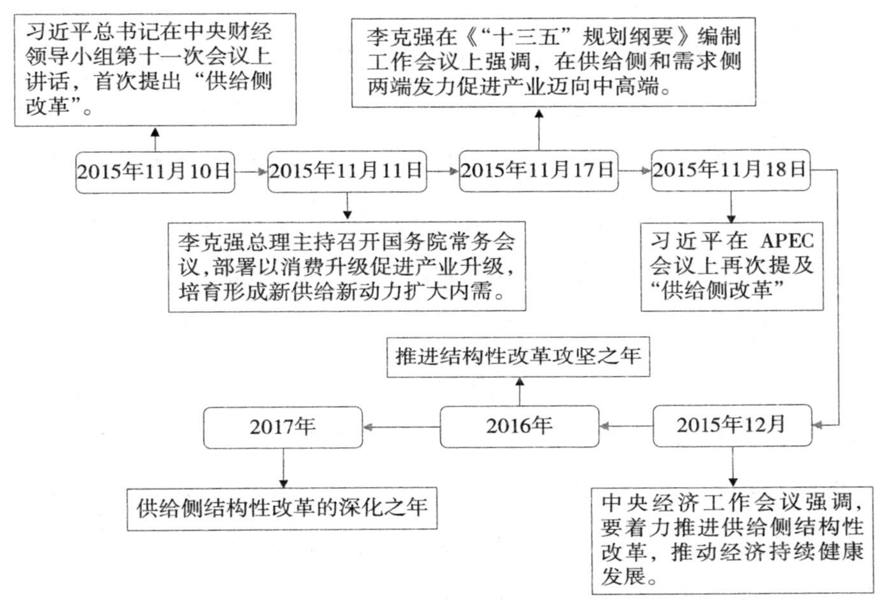

图4　供给侧结构性改革路线图

到体制机制制约。需求管理政策重在解决总量问题，注重短期调控，难以从根本上解决供需结构性矛盾，也难以从根本上扭转经济潜在产出水平下行趋势。改革开放以来特别是加入世界贸易组织后，我国对外开放水平不断提高，国际竞争力明显增强。凭借低成本优势和较强的产业配套能力，我国在全球贸易中的地位迅速上升，但同时随着我国要素成本逐步提高，传统比较优势逐步减弱，而新的竞争优势尚未形成，面临“前有围堵、后有追兵”的双重挤压态势，迫切要求我国从供给侧发力，加快产业结构转型升级，培育建立在新比较优势基础上的竞争优势。

推进供给侧结构性改革就是要在适度扩大总需求的同时，着力加强供给侧结构性改革，实施“五大政策支柱”：宏观政策要稳，营造稳定的宏观经济环境;产业政策要准,准确定位结构性改革方向;微观政策要活,激发企业活力和消费潜力;改革政策要实,加大力度推动改革落地;社会政策要托底,守住民生保障的底线。"五大政策支柱"整体融合、有机结合、相互配合,为推进供给侧结构性改革营造更好的环境和条件。① 同时更要突出问题导向,如着力减少无效和低端供给;着力扩大有效和中高端供给;着力推进体制机制改革;等等。在做好需求管理,供给和需求是对立统一的,保持总供给和总需求的动态平衡是经济增长的重要条件。供给侧结构性改革离不开需求管理的配合。充分发挥需求管理的"稳定器"作用,可以避免经济增速短期快速下行激化各种矛盾和潜在风险,避免增大改革的难度和成本。供给侧结构性改革也能发挥提振需求的作用。当前,供给侧结构性改革的主要任务是去产能、去库存、去杠杆、降成本、补短板,最终落脚点是实现更高水平的供需平衡。②

2016 年,作为供给侧结构性改革的开局之年,去产能、去库存、去杠杆、降成本、补短板等初见成效,市场化债转股和企业兼并重组也有序推进,实体经济成本呈现下降趋势,重点领域的补短板的工作渐显成效。全年退出钢铁产能超过 6500 万吨、煤炭产能超过 2.9 亿吨,超额完成年度目标任务,分流职工得到较好安置。支持农民工在城镇购房,提高棚改货币化安置比例,房地产去库存取得积极成效。推动企业兼并重组,发展直接融资,实施市场化法治化债转股,工业企业资产负债率有所下降。着眼促进企业降成本,出台减税降费、降低"五险一金"缴费比例、下调用电价格等举措。加大补短板力度,

① 龚雯:《七问供给侧结构性改革》,《人民日报》2016 年 1 月 4 日。
② 王一鸣:《正确理解供给侧结构性改革》,《人民日报》2016 年 3 月 29 日。

办了一批当前急需又利长远的大事。① 经济增速稳步回落，供给和需求结构均在很大程度上得到优化，产业结构（尤其是工业结构）得到升级和优化，需求结构也得到进一步改善。② 现代服务业、战略性产业以及新产业、新业态、新商业模式加快发展，对经济增长的贡献不断提高。③ 在改革推动下，部分行业供求关系、政府和企业理念行为发生积极变化，促进了经济发展质量和效益的提升。

（三）全面提升开放型经济水平

习近平总书记强调：开放带来进步，封闭导致落后。无论过去、现在、将来，开放都是各国实现可持续增长的重要前提。既要深化对内开放，让劳动、知识、技术、管理、资本的活力竞相迸发，也要扩大对外开放，把成员多样性和差异性转化为发展潜力和动力；既要把区域经济一体化提升到新高度，也要坚持开放的区域主义理念，推动建设开放型经济新体制和区域合作框架，促进经济创新发展、改革与增长。④

党的十八届三中全会通过的《中共中央关于全面深化改革的决定》指出："适应经济全球化新形势，必须推动对内对外开放相互促进、引进来和走出去更好结合，促进国际国内要素有序自由流动、资

---

① 李克强：《政府工作报告——2017 年 3 月 5 日在第十二届全国人民代表大会第五次会议上》，《人民日报》2017 年 3 月 17 日。

② 王健生：《供给侧结构性改革成效明显》，《中国改革报》2017 年 3 月 13 日。

③ 韩保江：《将供给侧结构性改革进行到底》，《文汇报》2016 年 12 月 22 日。

④ 《习近平出席亚太经合组织工商领导人峰会开幕式并发表主旨演讲》，《人民日报》2014 年 11 月 10 日。

源高效配置、市场深度融合,加快培育参与和引领国际经济合作竞争新优势,以开放促改革。"这为今后一个时期继续扩大对外开放、全面提升开放型经济水平指明了方向。全面提升开放型经济水平,根本在于不断扩大对外开放,以开放促改革。适应经济全球化新形势,必须实行更加积极主动的开放战略,冲破思想观念的束缚,突破利益固化的藩篱,攻克体制机制的痼疾,释放深化改革的红利,加快培育参与和引领国际经济合作竞争新优势。①

以开放促改革、促发展,是我国改革发展的成功实践。改革和开放相辅相成、相互促进,改革必然要求开放,开放也必然要求改革。要坚定不移实施对外开放的基本国策、实行更加积极主动的开放战略,坚定不移提高开放型经济水平,坚定不移引进外资和外来技术,坚定不移完善对外开放体制机制,以扩大开放促进深化改革,以深化改革促进扩大开放,为经济发展注入新动力、增添新活力、拓展新空间。②

当今世界是开放的世界,全球经济是开放的经济。进入新世纪,信息技术的普及和全球价值链的深化成为经济全球化的重要推动力量,世界各国相互依赖和利益交融程度进一步加深,纷纷通过扩大开放促进自身发展,避免被边缘化的命运。加入 WTO 以来,中国全面履行入世承诺,商业环境更加开放和规范,并持续在更大范围、更宽领域、更深层次上提高开放型经济水平。尽管 2008 年国际金融危机后保护主义一度有所抬头,推动全球化的两个轮子出现"多边慢、区

---

① 高虎城:《全面提升开放型经济水平》,《求是》2013 年第 24 期。

② 《坚持以扩大开放促进深化改革,坚定不移提高开放型经济水平》,《人民日报》2015 年 9 月 16 日。

域快"的新特点，且主要发达经济体改弦更张，试图通过构筑高水平的自贸区网络，为今后"定规矩、树标杆"，谋求竞争的制高点和发展的主动权，探索新的开放途径。但在以开放促发展、与世界各国共谋全球经济发展的过程中，中国坚决反对任何形式的保护主义，愿通过协商妥善解决同有关国家的经贸分歧，积极推动建立均衡、共赢、关注发展的多边经贸体制。①

党的十八届三中全会对全面深化改革作出了战略部署，提出构建开放型经济新体制。在开放的原则方面，要坚持内外统筹，兼顾当前利益和长远利益；把握好开放的节奏、力度和顺序，以国内改革发展的需要为依归，最大程度地为我国发展争取利益；坚持合作共赢，做经济全球化的推动者、贸易投资自由化的践行者、国际规则的参与制定者以及和谐世界的建设者。在开放的重点方面，放宽投资准入，推进金融、教育、文化、医疗等服务业有序开放，扩大对外投资。坚持双边、多边、区域次区域开放合作，加快自由贸易区建设，形成面向全球的高标准自由贸易区网络。扩大内陆沿边开放，推进"一带一路"建设，推动形成更高水平的开放格局。②

近40年的改革开放，使我国形成了全方位、宽领域、多层次的对外开放格局，我国进出口总额已达到世界第一，吸收外资世界第一。同时也要看到，我国对外开放水平还有很大的提升空间。例如，对外开放海强陆慢、东快西慢的特征明显，出口产品技术含量和附加值不

① 高虎城：《把握世界大势，提高开放水平——学习贯彻习近平总书记系列重要讲话的体会》，《求是》2015年第2期。

② 高虎城：《把握世界大势，提高开放水平——学习贯彻习近平总书记系列重要讲话的体会》，《求是》2015年第2期。

高，具有自主知识产权和自有品牌的产品不多，等等。① 中国经济发展进入新常态，妥善应对我国经济社会发展中面临的困难和挑战，更加需要扩大对外开放。

2015 年 5 月，中共中央、国务院印发《关于构建开放型经济新体制的若干意见》，指出："面对新形势新挑战新任务，要统筹开放型经济顶层设计，加快构建开放型经济新体制，进一步破除体制机制障碍，使对内对外开放相互促进，引进来与走出去更好结合，以对外开放的主动赢得经济发展和国际竞争的主动，以开放促改革、促发展、促创新，建设开放型经济强国"。②

随着经济全球化的不断深入，全球治理体系深刻变革，发展中国家群体力量继续增强，国际力量对比逐步趋向平衡，国内国际经济联动效应日益增强，中国正在从世界经济规则和秩序的"接受者"向倡导者、构建者转变。③ 从亚太经济合作组织领导人聚首北京雁栖湖畔，到二十国集团首脑相约杭州西子湖边，从共建"一带一路"赢得沿线国家纷纷点赞，到中韩、中澳自贸协定落地生效，从上海、广东、天津、福建自贸试验区如火如荼，到北京开展服务业扩大开放试点，从人民币纳入 IMF 特别提款权货币篮子，到亚洲基础设施投资银行正式投入运转，尤其是把开放作为新发展理念的重要内容之一……五年来，以习近平同志为核心的党中央准确把握和平、发展、合作、共赢的时代潮流和国际大势，从中国特色社会主义事业"五位一体"总

---

① 张宇：《新常态下我国经济发展的新特点》，《人民日报》2015 年 12 月 15 日。

② 《中共中央国务院关于构建开放型经济新体制的若干意见》，《人民日报》2015 年 9 月 18 日。

③ 张宇：《新常态下我国经济发展的新特点》，《人民日报》2015 年 12 月 15 日。

布局的战略高度，从实现中华民族伟大复兴中国梦的历史维度，以开放促改革、促发展、促创新，加快建设开放型经济强国，谱写了中国与世界互利共赢的新篇章。①

始终坚持对外开放的基本国策不动摇，实施更加积极主动的开放战略，以开放促改革促发展促创新，推动内需与外需、出口与进口、“引进来”与“走出去”、东部与中西部协调发展，对外开放再上新台阶，开放型经济对经济社会发展的贡献日益突出。我国贸易大国地位得到巩固和提升，连续多年成为世界货物贸易第一大国。利用外资水平不断提高，连续多年位居发展中国家首位。“走出去”步伐加快，对外投资规模跻身于世界前列。多双边经贸关系取得新成果，参与国际经济治理的话语权和主导权增强。此外，我国外贸发展方式转变加快，结构不断优化，取得了积极进展，迈向贸易强国步子更加坚实。②

2016年，我国外贸呈现回稳向好态势。一是商品结构在不断优化，出口商品从以消费品为主转向消费品和投资品并重。全年高附加值大型成套设备出口增长超过5%，高技术含量的航天航空、光电通信设备增长超过10%。二是贸易主体在不断优化，民营企业出口占比达到46%，提高了0.8个百分点，成为第一大贸易主体。三是贸易方式在不断优化，一般贸易出口占53.8%，提高了0.4个百分点。加工贸易国内增值率达到44.6%，提高了0.6个百分点。四是新业态成为新动力，试点区域跨境电商进出口1637亿元，增长1倍以上，

① 王珂：《以更开放的姿态拥抱世界（治国理政新实践）——党的十八大以来扩大对外开放述评》，《人民日报》2016年2月20日。

② 王珂：《我国开放型经济发展的辉煌成就》，《人民日报》2015年10月20日。

市场采购贸易出口2039亿元,增长16%。目前,我国外贸正在实现由大到强的历史性转变,以技术、标准、品牌、质量、服务为核心的外贸竞争新优势加快形成,新技术、新业态、新模式正在成为外贸发展新的动能。与此同时,我国已经由一个资本净输入国变成一个资本净输出国,2016年对外投资整体上实现了较快增长,全年非金融类对外直接投资已经达到1700多亿美元,同比增长了44.1%;且投资结构更加优化,实体经济和新兴产业对外投资明显增多,制造业投资的比重从12.1%上升到18.3%,信息服务业投资比重上升了8个百分点,并购成为主要投资形式,实际交易的金额占同期对外投资总额的63%。①

中国积极推动与欧盟、金砖国家、加拿大和其他新兴经济体等商建自贸区。在自贸伙伴不断增加的同时,自贸区建设水平也不断提高,已生效的自贸协定大多数货物贸易自由化率较高,零关税产品税目及进口额占比基本在90%以上。"十二五"时期,国务院批准设立了上海、广东、天津、福建等自贸试验区,并于2017年3月批准建立中国(辽宁)自由贸易试验区、中国(浙江)自由贸易试验区、中国(河南)自由贸易试验区、中国(湖北)自由贸易试验区、中国(重庆)自由贸易试验区、中国(四川)自由贸易试验区、中国(陕西)自由贸易试验区。由此,自贸试验区建设形成"1+3+7"的新格局,共同形成了东中西协调、陆海统筹的全方位、高水平对外开放新格局,为推动体制机制创新,探索我国对外开放的新路径和新模式,为全面深化改革、扩大开放积累经验。

---

① 《新闻办就供给侧结构性改革促消费等情况举行发布会》,中央人民政府网,http://www.gov.cn/xinwen/2017-02/21/content_5169747.htm#allContent。

（四）促进京津冀协同发展

推动京津冀协同发展，是适应我国经济发展进入新常态，应对资源环境压力加大、区域发展不平衡矛盾日益突出等挑战，加快转变经济发展方式、培育增长新动力和新的增长极、优化区域发展格局的现实需要，也是探索改革路径、构建区域协调发展体制机制的需要。五年来，以习近平同志为核心的党中央，把京津冀协同发展作为重大战略，在顶层设计和具体实践上迈出实质性步伐。

2014 年 8 月，国务院成立京津冀协同发展领导小组及其办公室，统筹指导推进京津冀协同发展工作。京津冀协同发展领导小组办公室会同 30 多个部门、三省市和京津冀协同发展专家咨询委员会，多次深入调查研究，反复修改完善，先后 7 轮征求各方意见，形成《京津冀协同发展规划纲要》稿。2015 年，习近平总书记先后主持召开中央财经领导小组会议和中央政治局会议，研究和审议规划纲要，进一步明确这项战略的目标、思路和方法，确定了“功能互补、区域联动、轴向集聚、节点支撑”的布局思路，明确了以“一核、双城、三轴、四区、多节点”为骨架，设定了区域功能整体定位和三地功能定位。

根据规划，京津冀的整体定位是“以首都为核心的世界级城市群、区域整体协同发展改革引领区、全国创新驱动经济增长新引擎、生态修复环境改善示范区”。三省市各有侧重，北京市定位为“全国政治中心、文化中心、国际交往中心、科技创新中心”；天津市定位为“全国先进制造研发基地、北方国际航运核心区、金融创新运营示范区、改革开放先行区”;河北省定位为“全国现代商贸物流重要基地、产业转型升级试验区、新型城镇化与城乡统筹示范区、京津冀生态环境支撑区”。① 这为京津冀协同发展提供了行动指南,使京津冀地区迎来了一个千载难逢的发展窗口期。由此,京津冀协同发展进入全面实施、加快推进的新阶段。

图 5　京津冀协同发展空间布局

资料来源:《京津冀协同发展功能定位明确》。②

2016 年,作为全国首个跨省市的五年规划,京津冀国民经济和社会发展“十三五”规划发布实施。京津冀空间规划编制完成,并相

① 《京津冀协同发展是大思路大战略》,《经济日报》2015 年 8 月 24 日。

② 《京津冀协同发展是大思路大战略》,《经济日报》2015 年 8 月 24 日。

继出台京津冀交通、生态、产业等12个专项规划和一系列政策意见，形成目标一致、层次明确、互相衔接的协同发展规划体系，将推动三地实现“一张图”规划、“一盘棋”建设、“一体化”发展。疏解北京非首都功能有序推进，重点领域率先突破取得重要进展。北京城市副中心加快建设，交通一体化格局加快构建，生态环境保护深入推进，产业升级转移稳步推进，三地产业互动和经济要素进入快速融合通道，协同发展实现良好开局。

公共服务落差过大，是制约京津冀协同发展的突出短板。三年来，北京在加强与津冀公共服务资源共享、推进京津冀公共服务均衡化发展方面取得了积极成效。大批北京企业向河北、天津投资，给当地创造了大量就业岗位，同时也拉近了三地公共服务的发展差距。交通方面，“轨道上的京津冀”呼之欲出，联通三地的高速公路也突飞猛进。京津冀城际铁路网规划敲定，将以“京津、京保石、京唐秦”三大通道为主轴，以京、津、石三大城市为核心，到2030年基本形成以“四纵四横一环”为骨架的城际铁路网络。这张密密麻麻的网，将覆盖、连通每一个区域的中心城市、重要城镇和主要产业集聚区。医疗方面，京津冀医疗合作，让三地医务工作者像走亲戚一样勤了起来。京津冀间分级诊疗、双向转诊模式加快构建，北京市50多家医院与天津市、河北省150余家医疗机构开展合作，京冀在燕郊、张家口、曹妃甸、承德等地共同实施重点医疗合作项目，累计派出合作医师1000余人，接诊患者约7万人次。① 来自中国社会科学院的问卷调查显示，超过六成的受访者认为协同发展取得成效，75%的受访者

① 朱竞若：《京津冀　协同中成长（京津冀协同发展调研行）》，《人民日报》2017年2月20日。

感受到了交通一体化带来的出行积极变化。①

设立雄安新区。党的十八大以来，习近平总书记多次深入北京、天津、河北考察调研，多次主持召开中央政治局常委会会议、中央政治局会议，研究决定和部署实施京津冀协同发展战略。习近平明确指示，要重点打造北京非首都功能疏解集中承载地，在河北适合地段规划建设一座以新发展理念引领的现代新型城区。2017 年 2 月 23 日，习近平专程到河北省安新县进行实地考察，主持召开河北雄安新区规划建设工作座谈会。习近平总书记强调，规划建设雄安新区，要在党中央领导下，坚持稳中求进工作总基调，牢固树立和贯彻落实新发展理念，适应把握引领经济发展新常态，以推进供给侧结构性改革为主线，坚持世界眼光、国际标准、中国特色、高点定位，坚持生态优先、绿色发展，坚持以人民为中心、注重保障和改善民生，坚持保护弘扬中华优秀传统文化、延续历史文脉，建设绿色生态宜居新城区、创新驱动发展引领区、协调发展示范区、开放发展先行区，努力打造贯彻落实新发展理念的创新发展示范区。2017 年 4 月 1 日，中共中央、国务院印发通知，决定设立河北雄安新区。雄安新区规划范围涉及河北省雄县、容城、安新 3 县及周边部分区域，地处北京、天津、保定腹地，区位优势明显、交通便捷通畅、生态环境优良、资源环境承载能力较强，现有开发程度较低，发展空间充裕，具备高起点高标准开发建设的基本条件。雄安新区规划建设以特定区域为起步区先行开发，起步区面积约 100 平方公里，中期发展区面积约 200 平方公里，

① 朱竞若：《京津冀　协同中成长（京津冀协同发展调研行）》，《人民日报》2017 年 2 月 20 日。

远期控制区面积约2000平方公里。雄安新区的设立，是以习近平同志为核心的党中央作出的一项重大的历史性战略选择，是继深圳经济特区和上海浦东新区之后又一具有全国意义的新区，是千年大计、国家大事。设立雄安新区，是中共中央深入推进京津冀协同发展作出的一项重大决策部署，对于集中疏解北京非首都功能，探索人口经济密集地区优化开发新模式，调整优化京津冀城市布局和空间结构，培育创新驱动发展新引擎，具有重大的现实意义和深远的历史意义。

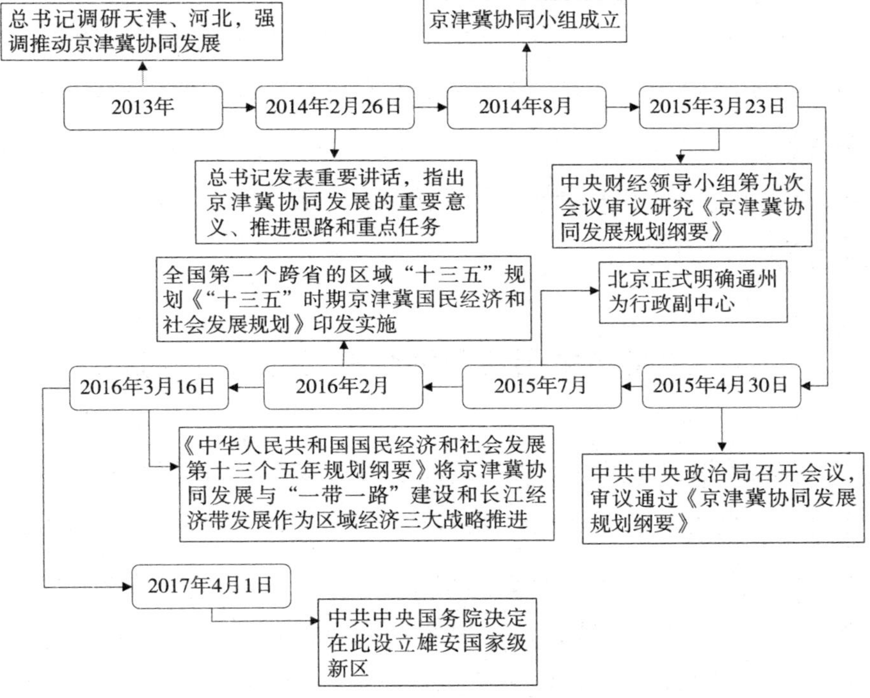

图6　京津冀协同发展路线图

三、发挥社会主义政治制度的优越性

五年来,以习近平同志为核心的党中央高举人民民主的旗帜,坚持党的领导、人民当家作主、依法治国有机统一,积极稳妥推进政治体制改革,深入推进社会主义民主政治建设、发展社会主义政治问题,开辟了中国特色社会主义政治发展新境界,进一步发挥了社会主义政治制度的优越性。

(一)坚持走中国特色社会主义政治发展道路

政治发展道路是一个国家政治发展所选择的路径和模式,集中体现了一个国家政治发展的战略目标、根本要求、制度架构和重点任务。政治发展道路是否正确,从根本上决定了一个国家和民族的前途和命运。究竟应当选择什么样的政治发展道路,归根结底是由一个国家的性质和国情所决定的。中国特色社会主义政治发展道路,是中国共产党领导中国人民把马克思主义基本原理同中国具体国情相结合、经过长期探索实践逐步开辟和形成的。这一政治发展道路,是中国近现代一百多年历史发展的必然结果,是中国改革开放 30 多年历史性巨变的必然结果，是中国人民掌握自己的前途和命运、共同团结奋斗、共同繁荣发展的必然结果。

五年来，以习近平同志为核心的党中央始终站在国家和民族前途命运的全局高度，坚决抵制有关国家政治发展道路的各种杂音，旗帜鲜明地提出必须毫不动摇地坚持走中国特色社会主义政治发展道路。以坚持和完善人民代表大会制度、中国共产党领导的多党合作和政治协商制度、民族区域自治制度以及基层群众自治制度为核心，不断推进社会主义政治制度的自我完善和发展。

坚持走中国特色社会主义政治发展道路，必须要发挥党总揽全局、协调各方的领导核心作用。围绕党的领导，习近平总书记提出一系列重要论述，强调党的领导是中国特色社会主义最本质的特征，是中国特色社会主义制度的最大优势；党政军民学，东西南北中，党是领导一切的；社会主义政治制度优越性的一个突出特点是党总揽全局、协调各方的领导核心作用，形象地说是“众星捧月”，这个“月”就是中国共产党；在国家治理体系的大棋局中，党中央是坐镇中军帐的“帅”，车马炮各展其长，一盘棋大局分明；等等。这些论述，为加强党的领导提供了基本遵循。

党的领导不断得到加强。颁布《中国共产党党组工作条例（试行）》，修订《中国共产党地方委员会工作条例》，以进一步发挥党的领导核心作用。出台《关于在深化国有企业改革中坚持党的领导加强党的建设的若干意见》《关于加强社会组织党的建设工作的意见（试行）》《关于加强和改进党的群团工作的意见》《关于加强和改进新形势下高校思想政治工作的意见》等，进一步加强和改进党对国有企业、社会组织、群团、高校等的领导。2015 年 1 月起，中央政治局常务委员会多次召开会议，听取全国人大常委会、国务院、全国政协、最高人民法院、最高人民检察院党组工作汇报。这些举措和部署，进一步加强了党中央的集中统一领导，加强了党总揽全局、协调各方的领导核心作用。

针对一些有关依法治国和坚持党的领导关系的错误观点，习近平总书记明确指出，社会主义法治必须坚持党的领导，党的领导必须依靠社会主义法治。法是党的主张和人民意愿的统一体现，党领导人民制定宪法法律，党领导人民实施宪法法律，党自身必须在宪法法律范围内活动，这就是党的领导力量的体现。党和法、党的领导和依法治国是高度统一的。[①] 在实践中，一方面，牢牢把握住正确处理党的政策和国家法律的关系这个关键，强调党既要领导人民制定宪法法律，也要领导人民执行宪法法律，稳步推进相关各项工作改革，用实际行动彰显了“党要领导立法、保证执法、带头守法”。另一方面，坚持依法治国的正确方向，通过不断加强和改善党的领导，为社会主义法治提供根本保证。中国特色社会主义法治道路，本质上是中国特色社会主义道路在法治领域的具体体现；中国特色社会主义法治理论，本质上是中国特色社会主义理论体系在法治问题上的理论成果；中国特色社会主义法治体系，本质上是中国特色社会主义制度的法律表现形式。

针对社会上一些有关坚持人民当家作主与坚持党的领导和坚持依法治国关系的错误观点，习近平总书记指出，要坚持依靠法治来保证人民主体地位，坚持法治为了人民、依靠人民、造福人民、保护人

① 《领导干部要做尊法学法守法用法的模范　带动全党全国共同全面推进依法治国》，《人民日报》2015 年 2 月 3 日。

民。要保证人民在党的领导下，依照法律规定，通过各种途径和形式管理国家事务，管理经济和文化事业，管理社会事务。要把体现人民利益、反映人民愿望、维护人民权益、增进人民福祉落实到依法治国全过程，使法律及其实施充分体现人民意志。① 实践中，注重通过推进相关制度和机制的改革与完善，既保证人民依法实行民主选举，也保证人民依法实行民主决策、民主管理、民主监督，切实防止出现选举时漫天许诺、选举后无人过问的现象。尤其注重围绕坚持公正司法来稳步推进司法体制改革，提出要努力让人民群众在每一个司法案件中都感受到公平正义，要求所有司法机关都紧紧围绕这个目标来改进工作，重点解决影响司法公正和制约司法能力的深层次问题。

坚持走中国特色社会主义政治发展道路，必须坚持和完善人民代表大会制度、中国共产党领导的多党合作和政治协商制度、民族区域自治制度以及基层群众自治制度，不断推进社会主义政治制度自我完善和发展。在中国实行这些制度，是中国人民在人类政治制度史上的伟大创造，是深刻总结近代以来中国政治生活惨痛教训得出的基本结论，是中国社会一百多年激越变革、激荡发展的历史结果，是中国人民翻身作主、掌握自己命运的必然选择。新中国成立以来的实践充分证明，这些制度是符合中国国情和实际、体现社会主义性质、保证人民当家作主、保障实现中华民族伟大复兴的好制度。

推进人民代表大会制度理论和实践创新，健全人大监督制度和讨论、决定重大事项制度及宪法实施监督机制和程序，完善中国特色社会主义法律体系，加强立法工作，人民通过人民代表大会行使国家

① 习近平：《加快建设社会主义法治国家》，《求是》2015 年第 1 期。

权力的制度化保障更加完善。从立法法的修改到表决通过刑法修正案(九);从修改大气污染防治法到授权最高检在13省区市开展公益诉讼试点;从全国人大常委会依法行使立法、监督、决定、任免等职权,充分履行最高国家权力机关职责,到出台文件加强县乡人大工作,充分发挥基层国家权力机关和人大代表的作用;越来越严格的执法检查,越来越频繁的专题询问,越来越显著的监督效果。

创新人大监督方式。党的十八大报告提出,要加强对"一府两院"的监督,加强对政府全口径预算决算的审查和监督。党的十八届三中全会进一步提出,要加强人大预算决算审查监督、国有资产监督职能。2015年8月18日,中央全面深化改革领导小组第十五次会议审议通过《关于改进审计查出突出问题整改情况向全国人大常委会报告机制的意见》。会议指出,全国人大常委会要把宪法法律赋予的监督权用起来,实行正确监督、有效监督,把听取和审议审计查出突出问题整改情况报告,同开展专题询问等监督形式结合起来,把督促审计查出突出问题整改工作同审查监督政府、部门预算决算工作结合起来,改进报告方式,加强督促办理,增强监督实效。意见明确规定,在全国人大常委会听取和审议审计工作报告后的6个月内,由国务院委托审计长向全国人大常委会作审计查出突出问题整改情况的报告,并对落实整改责任、改进报告方式、完善报告内容、做好审议保障、增强监督实效、加强督促办理等提出了要求。2015年12月24日,十二届全国人大常委会第十八次会议审议审计署审计长刘家义受国务院委托作的《关于2014年度中央预算执行和其他财政收支审计查出问题整改情况的报告》。这是全国人大常委会首次以专题询问方式听取审计查出问题整改情况报告。

2016年3月，十二届全国人大四次会议审议通过国务院提出的《中华人民共和国国民经济和社会发展第十三个五年规划纲要（草案）》（以下简称《“十三五”规划纲要》）。会议认为，《“十三五”规划纲要》全面贯彻了《中共中央关于制定国民经济和社会发展第十三个五年规划的建议》的精神，提出的“十三五”时期经济社会发展的主要目标、重点任务和重大举措，符合我国国情和实际，体现了全国各族人民的共同意愿，反映了时代发展的客观要求，经过努力是完全可以实现的。《“十三五”规划纲要》的制定，是充分发扬民主、广泛听取意见、坚持依法办事，党凝聚人民的意志，最终经过法定程序上升为国家意志的生动实践，集中体现了党的领导、人民当家作主、依法治国的有机统一，充分彰显了中国特色社会主义政治制度的特点和优势。

（二）深化行政体制改革

行政体制改革是推动上层建筑适应经济基础的必然要求。实现全面建成小康社会和全面深化改革开放的目标，必须深化行政体制改革，破除制约经济社会发展的体制机制弊端。

党中央始终站在更为有效地发挥社会主义政治制度优越性、为中国特色社会主义伟大建设事业提供坚实制度保障的高度，来稳步推进行政体制改革。坚持积极稳妥、循序渐进、成熟先行的工作方针，抓住主要矛盾和重点问题，把职能转变放在更加突出的位置，既巩固以往的改革成果，又着力破解重大难题。针对具体改革过程中可能出现的急躁情绪，强调要讲究瓜熟蒂落、水到渠成。把条件成熟、形成共识的优先推进，能改的先改起来；有的改革还需要探索、需要时间，就进一步积累共识和经验，条件成熟时再作推进。

坚持政府职能转变到哪一步，法治建设就跟进到哪一步。注重发挥法治对转变政府职能的引导和规范作用，注重通过制定新的法律法规来固定转变政府职能已经取得的成果，引导和推动转变政府职能的下一步工作，注重通过修改和废止不合适的现行法律法规为转变政府职能扫除障碍。

“放管服”改革持续推进。简政放权、放管结合、优化服务改革（简称“放管服”改革），为企业“松了绑”，为群众“解了绊”，为市场“腾了位”。据国务院第三次大督察统计，2013 年以来，国务院分 9 批取消、下放行政审批事项共 618 项，提前两年完成削减三分之一的任务；全面清理 453 项非行政许可审批事项，让“非行政许可审批”成为历史；中央指定地方实施行政许可事项目录清单，分 3 批共取消 269 项；国务院部门行政审批中介服务清单，分 3 批取消 320 项；工商登记前置审批事项目录清单，3 批精简了 85%。①

简政不减责，放权不放任。随着“放管服”改革向纵深推进，政府管理开始进入放得更开、管得更好、服务更优的良性循环。2017 年 5 月，红红火火的共享单车有了“指导意见”，规范停车、押金退还等广为诟病的问题得到妥善解决。同月，国务院常务会议再次针对涉企收费出台三大措施，为企业减负助力。随着“放管服”改革的持续推进，将给企业带来更多实实在在的发展红利，为经济社会发展凝聚起更加强大的动力。

地方各级政府认真贯彻中央决策部署，积极做好“接、放、管”工

① 新华网：《国务院已取消下放 618 项行政审批事项》，2017 年 2 月 15 日。

作。有些省份进展较快，行政审批事项取消和下放比例超过一半、最高的达70%，有的省级非行政许可已全面取消。天津市行政审批事项已精简至255项，为全国最少，并全部开通了网上审批功能，网上审批办件量占总办件量的31%。建设项目联合审批全流程办理环节由255个减少到90个，审批要件由435件减少到295件，项目平均整体审批效率提速40%以上。河北省近5年来削减了省级行政许可事项1000余项，削减率达到67.2%。在减少审批事项的同时，河北省不断优化审批流程，缩短审批时限。2015年以来，河北省分三批在21个县（市、区）、12个开发区（园区）开展了行政审批局改革试点工作。目前，33个试点地区行政审批局均已组建并挂牌运行；推行企业登记电子化，企业登记由原来到7个部门办理变为到工商一个窗口办理，申请材料由30项减少到10项，审批时间由20余天缩短到2至3个工作日。截至2017年3月底，全省市场主体总数达到413万余户，比商事制度改革前增长83.61%，在全国排位由第10位上升至第7位。上海市重点对投资项目、生产经营活动、建设项目等领域行政审批事项以及直接涉及群众生产生活的行政审批事项进行全面清理和优化调整，共取消调整审批事项910项，其中取消188项、下放85项、优化637项，并在全国率先推行目录管理、业务手册、办事指南、审批电子化信息化、数据共享、监督检查“六位一体”的审批标准化管理。湖北省4年多来推出省级层面改革项目913项，推进100多项改革试点。其中省政府先后分批取消、下放和调整的省级行政审批事项达到603项，目前仅保留265项。河南省则自2013年以来先后6次对省级审批项目进行清理，截至目前已总计减少269项，精简55.5%，目前省级保留333项，全部为依据法律法规设定的行政许可事项。而非行政许可审批类别则彻底终结。

各地不断涌现出更加便捷高效、可以更好为群众服务的探索成果。例如，截至 2017 年 5 月底，北京市政务服务中心刚运行仅一年半以来，就有 39 个审批部门 170 个服务窗口实现集中“板块作业”，日均办结 3663 件审批服务事项，“一站式”审批流程明显提速。1188 个审批服务事项具备网上预约功能，654 个事项具备“触网”申报审批功能，有的事项已实现“全球通办”。北京市网上政务服务大厅已涵盖全市 16 个区和 44 个市级部门，设置了法人服务、个人服务、按委办局找服务等 12 个板块，一站式汇聚全市政府部门网上政务服务资源，如企业法人常用的“设立登记、经营许可、年审年检”等，个人常用的“劳动就业、社会保障、医疗卫生、教育住房”等均可在此查询。

江苏省政务服务网于 2017 年 1 月开通不到半年时间里，访问量已达 1568 万，APP 下载量 168 万，用户注册量 109 万，实名认证量 61 万，“一次认证、全网通行”政务服务事项业务省级 1327 个，13 个设区市 1.3 万个，县级 6.1 万个，综合服务能力迈入全国领先行列。

辽宁省自 2015 年开始启动“双随机、一公开”监管体制改革，将随机抽查全覆盖工作列为省政府对各市绩效考核指标和省政府大督查主要内容。截至 2017 年 3 月底，辽宁省、市、县三级政府均公开了随机抽查事项清单，基本实现了省、市、县三级政府部门随机抽查事项全覆盖，比国务院要求的时间提前了 9 个月。省政府保留检查事项 152 项，市、县两级平均保留 189 项、128 项，全部采取“双随机、一公开”方式抽查。据统计，2017 年以来，全省各市、县共备案检查人员 73856 名，实施随机抽查 1.2 万余次，开展联合检查 197 次，抽查结果公示 9232 次，提升了政府监管的公平性、规范性和有效性，减轻了企业负担，优化了营商环境。

广西壮族自治区则按照《国务院办公厅关于加快推进“多证合一”改革的指导意见》精神，于 2017 年在原“六证合一、一照一码”基础上，按照能整合的尽量整合、能简化的尽量简化、能减掉的坚决减掉原则，开始试点探索将有关涉及市场主体登记、备案等各类证、照，进一步整合到营业执照上，被整合证照不再发放，实现“49 证合一、一照一码”。通过这样的方式，在试点市崇左，原有 49 项登记备案事项串联审批手续，需提交的材料减少 70%以上，对外受理窗口由 19 个减至 1 个。改革前办理登记备案事项至少需要 50 个工作日，今后受理窗口一网通办，一般件办理时限缩短至 3 个工作日。

（三）推进协商民主广泛多层制度化发展

社会主义协商民主是中国社会主义民主政治的特有形式和独特优势，是中国共产党的群众路线在政治领域的重要体现。五年来，党中央高度重视做好社会主义协商民主工作，不断推进协商民主广泛多层制度化发展。

2013 年 11 月，党的十八届三中全会决定，把推进协商民主广泛多层制度化发展作为政治体制改革的重要内容，明确在党的领导下，以经济社会发展重大问题和涉及群众切身利益的实际问题为内容，在全社会开展广泛协商，坚持协商于决策之前和决策实施之中。构建程序合理、环节完整的协商民主体系，拓宽国家政权机关、政协组织、党派团体、基层组织、社会组织的协商渠道；深入开展立法协商、行政协商、民主协商、参政协商、社会协商；发挥统一战线在协商民主中的重要作用，发挥人民政协作为协商民主重要渠道作用，完善人民政协制度体系，规范协商内容、协商程序，拓展协商民主形式，更加活跃有序地组织专题协商、对口协商、界别协商、提案办理协商，增加协商密度，提高协商成效。

推进协商民主广泛多层制度化发展任务的提出，是密切结合我国当前政治发展和各方面工作发展的实际需要，对我们社会主义协商民主制度的进一步发展和完善，是十八大以来中国共产党坚持走中国特色社会主义政治发展道路，探索进一步发挥社会主义政治制度优越性的重大理论创新。

2015 年 2 月，中共中央专门印发《关于加强社会主义协商民主建设的意见》，明确了社会主义协商民主的本质属性和基本内涵，阐述了加强社会主义协商民主建设的重要意义、指导思想、基本原则和渠道程序，对新形势下开展政党协商、人大协商、政府协商、政协协商、人民团体协商、基层协商、社会组织协商等作出全面部署，成为新形势下指导社会主义协商民主建设的纲领性文件。①

人民政协工作得到进一步的改善和加强。人民政协更为牢固地把坚持和发展中国特色社会主义作为巩固共同思想政治基础的主轴；坚持紧扣改革发展献计出力，努力为改革发展出实招、谋良策；坚持发挥其在发展协商民主中的重要作用，把协商民主贯穿履行职能全过程；坚持广泛凝聚实现中华民族伟大复兴的正能量，全面贯彻党的民族政策和宗教政策，进一步加强同海外侨胞、归侨侨眷的联系，

① 《中共中央印发〈关于加强社会主义协商民主建设的意见〉》，《中国政协》2015 年第 4 期。

进一步加强同各国人民、政治组织、媒体智库等友好往来；坚持推进履职能力建设，不断探索提高调查研究能力、联系群众能力、合作共事能力。

社会主义协商民主的形式更加多样化、覆盖人群更加广泛化、实效性进一步增强。社会主义协商民主，应该是实实在在的而不是做样子的，应该是全方位的而不是局限在某个方面的，应该是全国上上下下都要做的而不是局限在某一级的。在具体实践中，以构建程序合理、环节完整的社会主义协商民主体系为目标，围绕确保协商民主有制可依、有规可守、有章可循、有序可遵，着力加强相关的制度机制建设，使协商真正全面落实于我们各项决策之前和之中的全过程，使我们的决策和工作更好顺乎民意、合乎实际。

涉及人民群众利益的大量决策和工作，主要发生在基层。五年来，党中央更加突出强调抓住人民群众这个社会主义协商民主的重点。各地各部门在实际工作中都更为注重按照协商于民、协商为民的要求，大力发展基层协商民主，在基层群众中积极开展协商。努力做到凡是涉及群众切身利益的决策都要充分听取群众意见，通过各种方式，在各个层级、各个方面都同群众进行协商。很多地方和部门结合当地情况，积极探索完善基础组织联系群众制度，加强议事协商，进一步做好上情下达、下情上传工作，切实保证人民依法管理好自己的事务。

创新协商方式，建立政协“双周协商座谈会”制度。始于 1950 年的全国政协“双周会”，至 1966 年中断，共举行过 114 次。2013 年 10 月 22 日，全国政协重启“双周协商座谈会”，中央政治局常委、全国政协主席俞正声主持会议。这意味着，始于 1950 年、终于“文化大革命”的原“双周协商座谈会”重新启幕。截至2017年6月底,全国政协已召开第69次“双周协商座谈会”,充分发挥政协作为协商民主主渠道的作用,探索了一条制度化、可复制、已在各层政协组织广泛推广的“中国式协商”之路。“双周协商座谈会”举办以来,已有多条意见影响决策。如2013年12月,座谈会讨论汽车尾气问题后,形成报告给中共中央和国务院。李克强总理注意到仅占汽车保有量13.4%的黄标车,却排放81.9%的细颗粒物。于是,在2014年《政府工作报告》中,就有了“淘汰黄标车和老旧车辆600万辆”的目标。政协委员姚明曾在座谈会上提出,把体育赛事审批制改为备案制,以鼓励企业参与体育产业。几个月后,国务院出台的关于体育产业的文件中就采纳了该建议。

(四)巩固和发展最广泛的爱国统一战线

统一战线工作是中国共产党的传统工作优势,在革命、建设、改革各个历史时期,中国共产党始终把统一战线和统战工作摆在全党工作的重要位置,努力团结一切可以团结的力量、调动一切可以调动的积极因素,为党和人民事业不断发展营造了十分有利的条件。五年来,统一战线工作高举爱国主义、社会主义旗帜,牢牢把握大团结大联合的主题,进一步增强了对中国特色社会主义的道路自信、理论自信、制度自信和文化自信,进一步促进了政党关系、民族关系、宗教关系、阶层关系、海内外同胞关系的和谐,进一步巩固发展了团结、奋进、开拓、活跃的良好局面,为推动经济社会发展、维护社会和谐稳定、促进祖国统一进程作出了新的贡献。

2015年5月18日至20日，中央专门组织召开统战工作会议。会议指出，做好新形势下统战工作，必须掌握规律、坚持原则、讲究方法，最根本的是要坚持党的领导，实行的政策、采取的措施都要有利于坚持和巩固党的领导地位和执政地位。做好新形势下统战工作，必须正确处理一致性和多样性关系，不断巩固共同思想政治基础，同时要充分发扬民主、尊重包容差异，尽可能通过耐心细致的工作找到最大公约数。必须善于联谊交友，统一战线是做人的工作，搞统一战线是为了壮大共同奋斗的力量。各级党委要把统战工作摆在重要位置，各级党政领导干部要带头学习宣传和贯彻落实统一战线政策法规，带头参加统一战线重要活动，带头广交深交党外朋友。要坚持党委统一领导、统战部牵头协调、有关方面各负其责的大统战工作格局，形成工作合力。要加强统战干部队伍建设，统战干部要发扬优良作风，做到诚恳谦和、平等待人、廉洁奉公，真正赢得党外人士尊重和认同，团结他们同我们党一起奋斗。① 在此次会议上还发布了《中国共产党统一战线工作条例（试行）》，为党不断提高新形势下统战工作的规范化制度化科学化水平提供了制度保障。

举办党外人士学习贯彻中共十八大精神座谈会和专题研讨班、纪念中共中央发布“五一口号”65周年座谈会，引导广大统一战线成员在举什么旗、走什么路这个根本问题上态度更加明确、立场更加坚定。民主党派、无党派人士开展了坚持和发展中国特色社会主义学习实践活动，不断深化“民主党派和无党派人士是中国特色社会主义的实践者、维护者和捍卫者”的思想认识。非公有制经济人士开

① 习近平：《巩固发展最广泛的爱国统一战线，为实现中国梦提供广泛力量支持》，《人民日报》2015年5月21日。

展了理想信念教育实践活动，进一步增强了对中国特色社会主义的信念、对党和政府的信任、对企业发展的信心、对社会的信誉。

各民主党派中央围绕经济社会发展和国计民生的重大问题，以“直通车”形式向中共中央、国务院上报意见建议265件，其中223件得到中央领导批示，无党派人士提交调研报告、意见建议200余件，许多建议被列入重要议程并予研究采纳，为党和政府科学民主决策提供了重要参考。非公有制企业积极转型升级，党外知识分子投身创新驱动发展战略，为经济持续稳定发展作出了重要贡献。统一战线成员自觉以法治思维认识和处理问题，党外法律专家和法律工作者认真负责地参与法治建设，面向社会提供法律咨询和服务。特别是在中央统战部印发《关于统一战线服务“一带一路”战略的意见》后，各级统战部门组织统一战线各方面力量，围绕积极建言献策、推动经济合作、促进人文交流、传递正面声音等发挥作用。

五年来，党中央、国务院以及中央委托有关部门召开党外人士各种形式会议57次，其中习近平总书记亲自主持和出席的达11次，就一些事关国计民生的重大问题充分听取党外人士意见，有力地促进了科学决策、民主决策。以贯彻落实中央《关于加强社会主义协商民主建设的意见》为契机，各级统战部门支持统一战线成员积极参与各种形式的协商，协助党委搞好政党协商的组织和落实，进一步拓宽知情明政渠道，创新协商方式，不断推进协商民主广泛多层制度化发展。各民主党派着眼提高参政议政能力，全面加强自身建设，中国特色社会主义参政党建设迈上新台阶。

各级统战部门和民族、宗教工作部门切实履行职责，认真开展工作，为创造和谐稳定的社会环境作出了新的贡献。认真贯彻落实中央民族工作会议精神，深入开展民族团结宣传教育和民族团结进步创建活动，妥善处理涉及民族因素的矛盾和纠纷，依法保护少数民族合法权益，积极做好少数民族流动人口的服务保障工作，通过开展“同心·共铸中国心”大型医疗公益活动等，促进各民族共同团结进步、共同繁荣发展。全面贯彻落实《宗教事务条例》，出台一系列配套文件，宗教事务管理逐步实现有法可依，努力促进宗教更好地适应社会、服务社会，宗教与社会和睦相处的良好局面更加巩固。妥善处理涉藏、涉疆有关问题，维护了藏区和新疆社会大局稳定。

改进和完善党外干部挂职锻炼，推动少数民族干部和代表人士队伍建设。中央统战部继北京、上海、重庆、甘肃、贵州之后，新增四川挂职锻炼基地，先后选派四批 70 余名地厅局级党外干部，到基地挂任市州政府副职或省政府部门副职，进行为期一年的挂职锻炼。目前，各地也在积极推动党外干部实践锻炼基地建设，已有 14 个省（区、市）和一大批市（州）建立了实践锻炼基地，先后选派 1000 多名党外干部进行挂职锻炼，形成了很多具有典型意义和创新价值的做法。中央统战部还会同中央组织部、国家民委组织好西部地区和其他少数民族地区干部挂职锻炼工作，一大批干部参加挂职锻炼，少数民族干部所占比重超过 50%，综合素质得到不断提升。

（五）丰富“一国两制”实践

香港、澳门回归以后，走上了同祖国内地优势互补、共同发展的宽广道路，“一国两制”实践取得巨大成功。以习近平同志为核心的党中央始终高度重视做好港澳台工作，支持香港、澳门、台湾的繁荣发展，在新形势下不断丰富和发展着“一国两制”实践。

2012年12月8日上午，习近平总书记来到莲花山公园，瞻仰邓小平同志铜像并敬献花篮。当他步行下山时，有香港记者问：“习总书记，有没有话要对香港同胞讲?”习近平总书记清晰有力地回答：“香港一定会繁荣昌盛的!”这是以习近平同志为核心的党中央对香港的殷殷期许和饱满信心。五年来，习近平总书记在会见香港特区政府官员和社会各界人士时，多次提及香港的经济、民生，谆谆勉励鼓舞人心。

中央政府接连出台一系列惠港政策，为香港带来实实在在的发展机遇和无比广阔的发展空间。从2014年起，陆续推出“沪港通”“深港通”“债券通”，有力促进两地资本市场互联互通、共创双赢。“个人游”试点城市逐步扩大，香港居民在内地开办个体工商户及香港专业人士北上执业获得许可，东深供水工程得到全力保障。2015年3月28日，国家发展改革委、外交部、商务部联合发布的《推动共建丝绸之路经济带和21世纪海上丝绸之路的愿景与行动》提出，发挥香港、澳门特别行政区独特优势作用，积极参与和助力“一带一路”建设。两年后的2017年3月23日，由中国发起的亚洲基础设施投资银行宣布扩容，香港以唯一非主权地区身份加入。在内地已对香港全面实现货物贸易自由化的基础上，2015年11月27日，旨在实现内地与香港服务贸易自由化的“CEPA服务贸易协议”顺利签署，进一步确保香港始终享受内地最优惠的开放措施。2016年3月，全国人大审议通过的“十三五”规划，单独成章的港澳部分针对香港明确提出支持建设亚太区国际法律及解决争议服务中心、发展创新及科技事业等。2017年的全国“两会”上，《政府工作报告》明确提出研究制定粤港澳大湾区城市群发展规划。

在香港回归祖国20周年之际，2017年6月29日至7月1日，习近平总书记出席庆祝香港回归祖国20周年大会暨香港特别行政区第五届政府就职典礼并对香港特别行政区进行视察。在49个小时行程中，习近平总书记出席20场活动，足迹遍及港岛、九龙、新界，同香港各界人士广泛接触、深入交流。6月29日，在习近平总书记的见证下，内地与香港签署了《兴建香港故宫文化博物馆合作协议》。7月1日上午，在习近平总书记见证下，《深化粤港澳合作，推进大湾区建设框架协议》正式签署，这使粤港澳大湾区建设迈出实质一步。

2017年7月1日，习近平总书记在庆祝香港回归祖国20周年大会暨香港特别行政区第五届政府就职典礼上发表重要讲话，对今后更好在香港落实"一国两制"提出四点意见：第一，始终准确把握"一国"和"两制"的关系。必须牢固树立"一国"意识，坚守"一国"原则，正确处理特别行政区和中央的关系。任何危害国家主权安全、挑战中央权力和香港特别行政区基本法权威、利用香港对内地进行渗透破坏的活动，都是对底线的触碰，都是绝不能允许的。要把坚持"一国"原则和尊重"两制"差异、维护中央权力和保障香港特别行政区高度自治权、发挥祖国内地坚强后盾作用和提高香港自身竞争力有机结合起来，任何时候都不能偏废。第二，始终依照宪法和基本法办事。要把中央依法行使权力和特别行政区履行主体责任有机结合起来；要完善与基本法实施相关的制度和机制；要加强香港社会特别是公职人员和青少年的宪法和基本法宣传教育。第三，始终聚焦发展这个第一要务。要珍惜机遇、抓住机遇，把主要精力集中到搞建设、谋发展上来。第四,始终维护和谐稳定的社会环境。①

针对香港在近年来“一国两制”实践中出现的一些新情况,2015年12月23日下午,习近平总书记在中南海瀛台会见来京述职的时任香港特别行政区行政长官梁振英时明确指出,中央贯彻“一国两制”方针坚持两点。一是坚定不移,不会变、不动摇。二是全面准确,确保“一国两制”在香港的实践不走样、不变形,始终沿着正确方向前进。2017年4月11日,习近平主席在中南海瀛台会见新当选并获中央政府任命的香港特别行政区第五任行政长官林郑月娥时再次强调,20年来,“一国两制”在香港的实践取得巨大成功。与此同时,作为一项开创性事业,“一国两制”在香港的实践也需要不断探索前进。中央坚持“一国两制”“港人治港”、高度自治的决心坚定不移,不会变、不动摇。香港特区政府和社会各界要紧紧依靠广大香港同胞,全面准确贯彻落实“一国两制”方针和基本法,团结包容,勠力同心,锐意进取,为香港发展进步作出贡献。②

五年来,中央政府始终严格依照基本法办事,进一步完善与基本法实施相关的制度和机制,在各项具体实际工作中坚定支持行政区行政长官和政府依法施政,带领香港、澳门各界人士集中精力发展经济、切实有效改善民生、循序渐进推进民主、包容共济促进和谐,不断深化内地与香港、澳门经贸关系,持续推进各领域交流合作,促进香港同胞、澳门同胞在爱国爱港、爱国爱澳旗帜下的大团结,有效防范和遏制了外部势力对港澳事务的干预。2014年10月29日,党的十

① 《庆祝香港回归祖国20周年大会暨香港特别行政区第五届政府就职典礼隆重举行》,《人民日报》2017年7月2日。

② 《习近平会见林郑月娥》,《人民日报》2017年4月12日。

八届四中全会审议通过《中共中央关于全面推进依法治国若干重大问题的决定》，明确要依法保障“一国两制”实践和推进祖国统一。

在依法治港方针的指导下，中央政府坚定支持香港特区政府依法施政，多次肯定特区政府在遏制“港独”、依法处置街头暴力活动等重大问题上，严格按照香港特别行政区基本法、全国人大常委会有关决定和特别行政区法律办事。2016 年 11 月 7 日，针对香港立法会选举及个别候任议员在宣誓时宣扬“港独”主张，侮辱国家、民族引发的问题，全国人大常委会对《香港基本法》第 104 条作出解释，明确参选和宣誓就任特别行政区法定职务的法定条件和要求。

2014 年 12 月 19 日至 20 日，习近平总书记到澳门考察访问。习近平在出席“庆祝中华人民共和国澳门特别行政区成立十五周年晚宴”时发表重要讲话，指出，澳门的进步和成就的取得，离不开“一国两制”方针和澳门特别行政区基本法的全面正确贯彻落实，离不开特别行政区政府和广大澳门同胞齐心协力、奋勇拼搏，离不开中央政府和全国各族人民这一坚强后盾的大力支持。这些进步和成就充分证明，“一国两制”伟大构想具有强大生命力。保持澳门长期繁荣稳定，既要从发展取得的进步和成就中坚定信心、增添力量，又要清醒看到内外环境发生的新变化，善于统筹规划。澳门同胞要坚持从国家整体利益和澳门长远利益出发，支持行政长官和政府依法施政，不断开创“一国两制”事业新局面。①

高度重视做好对台工作。中央多次重申，大陆和台湾虽然尚未统一，但两岸同属一个中国的事实从未改变，国家领土和主权从未分

---

① 《庆祝澳门回归祖国 15 周年大会暨澳门特别行政区第四届政府就职典礼隆重举行》，《人民日报》2014 年 12 月 21 日第 1 版。

割、也不容分割。两岸双方应恪守反对“台独”、坚持“九二共识”的共同立场，增进维护一个中国框架的共同认知，在此基础上求同存异。对台湾任何政党，只要不主张“台独”、认同一个中国，我们都愿意同他们交往、对话、合作。2015 年 11 月 7 日，习近平总书记在新加坡同当时的台湾方面领导人马英九会面，就进一步推进两岸关系和平发展交换意见。这是 1949 年以来两岸领导人的首次会面。习近平在会谈中提出坚持两岸共同政治基础不动摇，坚持巩固深化两岸关系和平发展，坚持为两岸同胞多谋福祉，坚持同心实现中华民族伟大复兴等 4 点意见。双方肯定 2008 年以来两岸关系和平发展取得的重要成果，一致认为应该继续坚持“九二共识”，巩固共同政治基础，推动两岸关系和平发展，维护台海和平稳定，加强沟通对话，扩大两岸交流，深化彼此合作，实现互利共赢，造福两岸民众，两岸同胞同属中华民族，都是炎黄子孙，应该携手合作，致力于振兴中华，致力于民族复兴。

两岸合作交流持续推进，经济合作不断深化，文化交流进一步扩大。两岸新签订《两岸服务贸易协定》《两岸气象合作协定》《两岸地震监测合作协定》《两岸避免双重课税及加强税务合作协定》《两岸民航飞行安全与适航合作协定》等多项协定，使两岸协定达到 23 项。全国人大和相关职能部门不断完善法律和制度保障，推进两岸经济联系更加紧密。2015 年 9 月 3 日，十二届全国人大常委会第 22 次会议审议通过《台湾同胞投资保护法》修正案，对台资企业实行准入前国民待遇加负面清单管理模式。几年来，两岸贸易额常年保持在 2000 亿美元左右，一些经贸团体也实现了互设办事机构。2013 年，大陆经贸社团在台首设办事处，两岸货物清算机制开始实施运作，台湾首批 46 家金融机构开办人民币业务。2016 年,两岸双边贸易总值达到 1.19 万亿人民币,同比增长 1.6%,占同期大陆外贸总值的 4.9%。其中大陆对台出口 2664.3 亿元,自台进口 9204 亿元,进一步加强了两岸的紧密经济联系,大陆持续成为台湾第一大贸易伙伴和最大的出口及进口市场。

国家持续出台利民政策,为两岸加强民间交往和社会融合提供更加便利的条件。2015 年 7 月起,大陆对台湾地区民众施行免签注政策,同年 9 月起全面实行卡式台胞证,县级以上公安机关开始受理申请,台湾地区民众来大陆更加便捷,在大陆停留和居住生活更加方便。国家对来大陆就读的台湾地区学生坚持“一视同仁、适当照顾”原则,面向在大陆高校就读的全日制台生提供“台湾学生奖学金”可供申请,提供城镇居民基本医疗保险可供参加。此外,国家还积极鼓励、扶持台湾地区青年来大陆实习、就业和创业,在北京、福建等地建立青年创业基地。2016 年以来,尽管受民进党上台执政等复杂政治因素影响,但两岸文化交流等各种民间交流活动仍然持续开展。2016 年全年两岸人员往来仍然达到 934 万人次。

四、建设法治中国

五年来，以习近平同志为核心的党中央站在党和国家长治久安的战略高度，提出了建设“法治中国”的奋斗目标，开启了中国特色社会主义法治的新时代。十八大以来的这五年，是全面依法治国举措最有力、最集中的五年，也是成就最丰硕、最显著的五年。这五年，法治中国建设迈出了坚实步伐，实现了历史性大发展，赢得了国内外的普遍赞誉。

（一）对“法治中国”建设进行总部署

1997 年在党的十五大上，中共中央正式提出“建设社会主义法治国家”①的治国方略。2013 年 1 月，习近平总书记就做好新形势下政法工作做出重要指示，首次提出建设“法治中国”的宏伟目标。同年 11 月，党的十八届三中全会通过《关于全面深化改革若干重大问

① 中共中央文献研究室编：《十五大以来重要文献选编》（上），中央文献出版社 2011 年版，第 16 页。

题的决定》,正式提出"推进法治中国建设"①。2014 年 10 月,党的十八届四中全会专题研究全面推进依法治国若干问题,这是改革开放以来首次召开以依法治国为主题的中共中央全会。全会审议通过的《中共中央关于全面推进依法治国若干重大问题的决定》(以下简称《决定》),明确了法治中国建设的指导思想、总体目标、根本遵循、基本原则、重大任务以及实践路径,对建设法治中国作出了全方位的部署。

《决定》指出,法治中国建设的总目标,是建设中国特色社会主义法治体系,建设社会主义法治国家。这个总目标,既明确了全面依法治国的性质和方向,又突出了全面依法治国的工作重点和总抓手,具有纲举目张的重要指导意义。中国特色社会主义法治体系,是指完备的法律规范体系、高效的法治实施体系、严密的法治监督体系、有力的法治保障体系、完善的党内法规体系。其中,完备的法律规范体系是法治建设的先决条件和重要前提;高效的法治实施体系是法治建设的核心;严密的法治监督体系是法治建设的重要一环;有力的法治保障体系是确保法治高效运动的重要支撑;完善的党内法规体系是法治体系的有机组成部分。这五个子体系,环环相扣,相辅相成,为建设法治中国注入强大的牵引力和推动力。

法治中国建设的根本遵循,是坚定不移走中国特色社会主义法治道路、坚持中国特色社会主义制度、贯彻中国特色社会主义法治理论。也就是说,必须彰显"中国特色"。必须从我国基本国情出发,

① 中共中央文献研究室编:《十八大以来重要文献选编》(上),中央文献出版社 2014 年版,第 529 页。

同改革开放不断深化相适应，总结和运用党领导人民实行法治的成功经验，围绕社会主义法治建设重大理论和实践问题，推进法治理论创新，发展符合中国实际、具有中国特色、体现社会发展规律的社会主义法治理论，为依法治国提供理论指导和学理支撑。汲取中华法律文化精华，借鉴国外法治有益经验，但绝不照搬外国法治理念和模式。坚持依法治国、依法执政、依法行政共同推进，坚持法治国家、法治政府、法治社会一体建设，实现科学立法、严格执法、公正司法、全民守法。

建设法治中国，必须坚持五个基本原则，即坚持中国共产党的领导，坚持人民主体地位，坚持法律面前人人平等，坚持依法治国和以德治国相结合，坚持从中国实际出发。坚持中国共产党的领导，是中国特色社会主义最本质的特征，是社会主义法治最根本的保证。把党的领导贯彻到依法治国全过程和各方面，是我国社会主义法治建设的一条基本经验，是党和国家的根本所在、命脉所在，是全国各族人民的利益所系、幸福所系。坚持人民主体地位，就是必须坚持法治建设为了人民、依靠人民、造福人民、保护人民，以保障人民根本权益为出发点和落脚点，保证人民依法享有广泛的权利和自由、承担应尽的义务，维护社会公平正义，促进共同富裕。坚持法律面前人人平等，就是任何组织和个人都必须尊重宪法法律权威，都必须在宪法法律范围内活动，都必须依照宪法法律行使权力或权利、履行职责或义务，都不得有超越宪法法律的特权。坚持依法治国和以德治国相结合，就是指国家和社会治理需要法律和道德共同发挥作用。必须坚持一手抓法治、一手抓德治。既重视发挥法律的规范作用，又重视发挥道德的教化作用，以法治体现道德理念、强化法律对道德建设的促进作用,以道德滋养法治精神、强化道德对法治文化的支撑作用,实现法律和道德相辅相成、法治和德治相得益彰。坚持从中国实际出发,就是必须立足本国国情,不能拿西方法治作为评判我们法治建设的坐标体系。中国必须走自己的法治建设之路。

《决定》从六个方面对法治中国建设作出了任务部署。立法方面,强调要完善以宪法为核心的中国特色社会主义法律体系,加强宪法实施;执法方面,强调要深入推进依法行政,加快建设法治政府;司法方面,强调要保证公正司法,提高司法公信力;法治观念方面,强调要增强全民法治观念,推进法治社会建设;队伍建设方面,强调要加强法治工作队伍建设;领导方面,强调要加强和改进党对全面依法治国的领导。

(二) 建设中国特色社会主义法治体系

中国特色社会主义法治体系,作为法治中国建设的“纲”,是国家治理体系的骨干工程。建设法治中国,就是要加快形成完备的法律规范体系、高效的法治实施体系、严密的法治监督体系、有力的法治保障体系以及完善的党内法规体系。五年来,这五大子体系相互促进、共同发展,中国特色社会主义法治体系实现新跨越。

全国人大常委会、各级人大常委会认真落实党的十八届三中、四中、五中、六中全会明确提出的立法项目,修改、制定了一大批法律法规,及时破解改革发展的关键性难题,中国特色社会主义法律体系日趋完备。五年来,共制定或修改法律 48 部、行政法规 42 部、地方性法规 2926 部、规章 3162 部,同时通过“一揽子”方式先后修订法律

57部、行政法规130部,启动了民法典编纂,颁布了民法总则。①

人民群众的关切、期盼在哪里,立法修法的关注点就在哪里。立法机关努力使每一项立法都能成为一道保护人民群众合法利益的重要力量。如新修订的《中华人民共和国野生动物保护法》,对放生就做了明确规定。《中华人民共和国网络安全法》,作为中国第一部网络安全领域的法律,就加强了对个人信息的保护。《中华人民共和国电影产业促进法》的出台,为正处在黄金年代的中国电影产业的规范有序发展提供了法律依据和保障,也为中国电影"走出去"开拓了更为广阔的路径。

"天下之事,不难于立法,而难于法之必行。"②法律的生命力在于实施,法律的权威也在于实施。有法律不实施比没有法律更可怕,因为它不仅损害了法治权威,而且还会动摇民众对法治的信仰。如果有了法而不严格执法,法律就会成为"纸老虎""稻草人",就会失去应有的效力。建设高效的法治实施体系,既是建设中国特色社会主义法治体系的关键重心,也是其核心所在。该体系涉及立法、执法、司法、守法各个层面,关联依法治国、依法执政、依法行政的共同推进和法治国家、法治政府、法治社会一体建设,需要付出长期艰苦努力。

2015年10月1日,被称为"史上最严"的《中华人民共和国食品安全法》开始实施。这部法律的实施效果如何呢?2016年上半年,

① 袁曙宏:《党的十八大以来全面依法治国的重大成就和基本经验》,《求是》2017年第11期。

② 人民日报评论部编著:《习近平用典》,人民日报出版社2015年版,第273页。

全国人大常委会专门成立了食品安全法执法检查组，对这部法律的实施情况进行了执法检查。执法检查组分为五个小组，分别赴天津、内蒙古、黑龙江、福建、湖北、广东、重庆、四川、陕西、甘肃10个省（自治区、直辖市）开展执法检查，是人大执法检查以来规格最高、规模最大、创新最多的一次。食品安全法的执法检查，解决了一些突出的问题，比如备受关注的中国食品的标准问题、中国食品供应链条的冷链问题等。此外，食品安全方面的社会共治体系也已形成，食品监督从食源生产、农业部门、水产部门、林业部门到加工运输过程，再到最后的食品供应，将其每一个环节都纳入了监管的范围，保障全国人民吃得健康、吃得安全、吃得放心。

法治保障体系不断健全。法治保障体系，既是中国特色社会主义法治体系的重要组成部分，又是支撑法治大厦的地基。它关乎法治建设各个环节的有序运行，为法治总目标的实现提供不竭的力量源泉。有力的法治保障体系，要求在法律制定、实施和监督的全过程形成结构完整、机制健全、资源充分、富于成效的保障要素系统。首先，党的领导是全面依法治国的坚强政治保障；其次，中国特色社会主义制度是全面依法治国的牢固制度保障；再次，高素质法治工作队伍是全面依法治国的组织和人才保障；最后，中国特色法治文化是全面依法治国的丰厚文化保障。

（三）深化司法体制改革

以习近平同志为核心的党中央，站在党执政兴国、人民幸福安康、国家长治久安的高度，不断向纵深推进司法体制改革，书写司法公正的新篇章。2014 年 6 月，以中央全面深化改革领导小组第三次会议审议通过的《关于司法体制改革试点若干问题的框架意见》为标志，我国司法体制改革大幅推进，司法体制改革主体框架已基本搭建完成，改革呈现全面发力、多点突破的良好态势，给百姓带来了实实在在的获得感。

司法责任制改革全面推开。为破解以往层层审批、权责不清、效率不高等问题，2015 年，最高人民法院正式出台《关于完善人民法院司法责任制的若干意见》，通过制定权力清单、组建办案团队、整合内设机构，让审理者裁判、由裁判者负责。截至 2017 年 2 月，“全国已有 28 个高级法院(含兵团分院)、363 个中级人民法院、2644 个基层法院完成员额法官选任工作，约占全国法院总数的 86.7%，共产生入额法官 105433 名。”①司法责任制改革在全国法院全面推开。数据显示，各级法院审判质效明显提升。如 2015 年上海法院法官人均结案 187 件，贵州试点法院法官人均结案数量同比增长 2 至 4 倍。②2016 年全国法院结案 1979.5 万件，同比增长 18.33%，一审服判息诉率达 89.27%。在吉林，全省检察院侦查、批捕、公诉、民行、控执办案时限分别缩短 26%、14.5%、21.3%、17%和 23%，全省涉检信访同比下降 30.8%。③

刑事诉讼制度改革破冰前行。着眼于解决影响刑事司法公正的

① 《最高法修订司法改革白皮书、司法公开白皮书 18 项改革，仅差一项就完成》，《人民日报》2017 年 2 月 28 日。

② 周强：《最高人民法院工作报告——2016 年 3 月 13 日在第十二届全国人民代表大会第四次会议上》，《人民日报》2016 年 3 月 21 日。

③ 《全面发力，多点突破——全面深化司法领域改革取得新进展》，新华网，http://news.xinhuanet.com/2017-03/30/c_1120728000.htm。

突出问题，党的十八届四中全会提出推进以审判为中心的诉讼制度改革。2016年10月，最高人民法院、最高人民检察院、公安部、国家安全部、司法部联合印发《关于推进以审判为中心的刑事诉讼制度改革的意见》，旨在改革完善刑事诉讼制度，充分发挥审判尤其是庭审在查明事实、认定证据、保护诉权、公正裁判中的作用，切实维护司法公正、防止冤假错案。四川成都、浙江温州法院大力推进侦查人员、鉴定人、证人出庭作证，充分发挥律师辩护作用，促进庭审实质化，从源头上防范刑讯逼供、非法取证等违法行为，确保裁判经得起法律检验。贵州法院推动公检法三机关数据共享，积极探索统一证据标准。

五年来，各级法院已纠正重大刑事冤假错案34件。2013年至2016年各级法院依法宣告3718名被告人无罪，依法保障无罪者不受追究。2016年检察机关对侦查机关不应当立案而立案的，督促撤案10661件；对不构成犯罪或证据不足的，不批准逮捕132081人、不起诉26670人。① 对于社会广泛关注的聂树斌案，由山东省高级人民法院异地复查、公开听证，最后由最高人民法院第二巡回法庭提审，依法改判聂树斌无罪。2016年12月2日，最高人民法院第二巡回法庭对原审被告人聂树斌故意杀人、强奸妇女再审案公开宣判无罪。尘封21年的冤案终于得以昭雪。沉冤得雪的背后，是以审判为中心的刑事诉讼制度改革不断破冰的结果。

完成巡回法庭总体布局。最高人民法院设立巡回法庭，是党的十八届四中全会确定的重大改革部署。2015年1月，最高人民法院

---

① 《全面发力，多点突破——全面深化司法领域改革取得新进展》，新华网，http://news.xinhuanet.com/2017-03/30/c_1120728000.htm。

第一、第二巡回法庭在广东省深圳市、辽宁省沈阳市分别挂牌成立。2016年，按照党中央部署，最高人民法院在南京、郑州、重庆、西安又新设4个巡回法庭，并于年底正式办公。由此，最高法完成了巡回法庭在全国的总体布局，实现了巡回法庭管辖范围的全覆盖。巡回法庭的设立，对于就地解决纠纷，妥善审理跨行政区域重大行政和民商事案件，促进司法为民、公正司法等具有重大意义，被群众称为“家门口的最高人民法院”。最高人民法院高度重视巡回法庭审判人员的选派，2016年新设的4个巡回法庭庭长均由最高法副院长兼任，8名副庭长从机关现任庭局职干部中选派。36名主审法官队伍，从事审判或司法调研工作8年以上，具有丰富的审判实践经验，绝大部分法官多次获得立功、嘉奖、办案标兵或其他表彰。据统计，第一、第二巡回法庭设立两年来，“共受理案件4721件，审结4573件”①，充分发挥了改革“试验田”“排头兵”的作用。

深化立案登记制改革。2015年5月1日，《关于人民法院推行立案登记制改革的意见》正式施行。这标志着人民法院案件受理制度由立案审查制变为立案登记制，对依法应该受理的案件，做到有案必立、有诉必理，保障当事人诉权。作为全面深化司法体制改革的“先手棋”，两年来立案登记制改革取得显著成效。截至2017年3月，全国法院登记立案数量超过3100万件，同比上升33.92%。当场立案率超过95%，上海、重庆、宁夏等地超过98%，基本解决了人民群众反映强烈的“立案难”问题。山东、海南等地对符合条件的起诉，做到10分钟内完成全部立案流程。创新立案方式，方便群众诉

① 周强：《最高人民法院工作报告——2017年3月12日在第十二届全国人民代表大会第五次会议上》，《人民日报》2017年3月20日。

讼。截至2017年3月，全国已有2605家法院开通网上预约立案和网上立案，让当事人及其代理人足不出户就可以完成立案手续。最高法确定7个高级法院、7个中级人民法院作为跨域立案诉讼服务试点法院，逐步在全国推行跨域立案。此外，为防止滥用诉权、虚假诉讼等扰乱正常立案秩序的行为，各级法院两年来，裁定不予受理、驳回起诉民事案件11619件，行政案件4754件。①

全面深化司法公开。各级人民法院紧紧围绕“努力让人民群众在每一个司法案件中感受到公平正义”②的目标，以建设审判流程公开、庭审活动公开、裁判文书公开、执行信息公开四大信息平台为载体，全面深化司法公开，不断提升司法公信力。首先，完善审判流程公开，实现全国法院全覆盖、各类案件全覆盖，当事人可随时查询案件进展。其次，加强庭审公开，最高人民法院自2016年7月1日起所有公开开庭案件都上网直播，各级法院直播庭审62.5万次，观看量达到20.7亿人次。③ 再次，裁判文书公开。截至2017年5月上旬，中国裁判文书网公开裁判文书近2900万份，访问量突破78亿人次，覆盖210多个国家和地区，成为全球最有影响的裁判文书网。④最后，执行信息公开。截至2017年2月底，在执行信息网公开信息4711万条，江苏等地法院通过网络大力推进执行过程公开，有效提

① 《立案登记制改革实行两年——95%的案子法院当场立案，12个省份登记立案超百万件，2605家法院开通网上立案》，《人民日报》2017年5月19日。

② 《中共十八届四中全会在京举行，中央政治局主持会议，中央委员会总书记习近平作重要讲话》，《人民日报》2014年10月24日。

③ 周强：《最高人民法院工作报告——2017年3月12日在第十二届全国人民代表大会第五次会议上》，《人民日报》2017年3月20日。

④ 《司法大数据——这样帮忙打官司（大数据观察·关注智慧法院（上））》，《人民日报》2017年5月11日。

升执行工作透明度。

（四）加快建设法治政府

加快建设法治政府，是法治中国建设的重大任务。五年来，法治政府建设稳步推进、成效显著。2015 年 12 月，中共中央、国务院颁发《法治政府建设实施纲要（2015—2020 年）》，确立到 2020 年基本建成“职能科学、权责法定、执法严明、公开公正、廉洁高效、守法诚信”①法治政府的奋斗目标。由此，依法行政进入“快车道”，法治政府建设展现出前所未有的“加速度”。

权力清单制度普遍实行。2015 年 3 月，中共中央办公厅、国务院办公厅印发《关于推行地方各级政府工作部门权力清单制度的指导意见》后，各级地方政府开始进行权力清单的试点。数据显示，截至 2017 年 6 月，全国 31 个省（区、市）的省市县三级政府部门权责清单均已公布。浙江推进“四张清单一张网”（权力清单、责任清单、企业投资负面清单、财政专项资金管理清单和政务服务网），省级部门行政权力从几年前的 1.23 万项精简至 4092 项。安徽公布省级公共服务清单和省级行政权力中介服务清单，晒出行政机关单位应提供的 4000 余项公共服务和清理规范后的 200 余项行政权力中介服务，强调政府责任，减轻企业负担。江苏实现了“三级、四同、一分、一压缩”，即相同的权力事项，在省市县三级，权力名称、类型、依据、编码相统一，明确省市县三级的层级分工，压缩自由裁量权。云南以“一

① 国务院法制办公室编：《中华人民共和国新法规汇编》（2016 第 1 辑，总第 227 辑），中国法制出版社 2016 年版，第 135—136 页。

表两单”形式，发布了省、州、县、乡四级权责清单。①

行政执法体制改革不断深化。党的十八届四中全会提出“建立执法全过程记录制度、严格执行重大执法决定法制审核制度、推行行政执法公示制度”后，一些地方和部门对此进行了有益探索，并取得初步成效。为更好地推行上述行政执法三项制度，2016 年国务院法制办在深入调研论证的基础上，形成《推行行政执法公示制度执法全过程记录制度重大执法决定法制审核制度试点工作方案（送审稿）》（以下简称《试点工作方案》）。2017 年 2 月，国务院办公厅正式印发此方案，确定在天津、河北、安徽、甘肃、国土资源部以及呼和浩特市等 32 个地方和部门开展试点，试点工作在 2017 年年底前完成。《试点工作方案》要求，开展试点工作要按照依法有序、科学规范、便捷高效的原则，紧密联系实际，突出问题导向，积极稳妥实施，总结可复制可推广的经验做法：一是执法公示制度重在打造阳光政府。二是执法全过程记录制度重在规范执法程序。三是执法决定法制审核制度重在保证合法行政。

政府法律顾问制度普遍建立。根据浙江省法制办的统计数字，至 2015 年年底，该省“省市县三级政府已全部拥有政府法律顾问，全省 1262 个乡镇街道中的 1245 个已经拥有法律顾问，覆盖率达 98.65%。各级政府共聘用法律顾问 2352 人。”②也就是说，浙江省

---

① 《以政府自身一时的痛，换取人民长远的利——国务院办公厅“放管服”改革专项督查综述行政审批改革篇》（2017 年 6 月 12 日），中央人民政府网，http://www.gov.cn/hudong/2017-06/12/content_5201846.htm。

② 黄宏：《浙江四级政府实现法律顾问基本“全覆盖”》，《浙江日报》2016 年 4 月 14 日。

四级政府基本实现法律顾问“全覆盖”。2016 年 6 月，北京市大兴区在 20 个乡镇、街道全面建立起“村居法律顾问”制度。“村居法律顾问突出公益性，律师事务所指派优秀律师每个月至少到村居服务 1 次，主要服务内容包括‘顾讲询调训’5 个方面。其中，‘顾’是指担任法律顾问，提供法律意见；‘讲’是指现场讲法，开展法治宣传；‘询’是指答疑释法，提供法律咨询；‘调’是指调解析法，化解矛盾纠纷；‘训’是指为基层法律工作者开展法律业务技能培训。”①村居法律顾问制度有效地推动了公共法律服务向基层延伸，满足了人民群众日益增长的法律服务需求，有效维护了群众合法权益。2016 年 6 月，中共中央办公厅、国务院办公厅印发《关于推行法律顾问制度和公职律师公司律师制度的意见》，要求 2017 年年底前，中央和国家机关各部委，县级以上地方各级党政机关普遍设立法律顾问、公职律师。由此，法律顾问制度建设“加挡提速”。目前，政府法律顾问制度已在全国普遍建立起来。

“双随机、一公开”全面推行。2015 年 8 月，国务院办公厅印发《关于推广随机抽查规范事中事后监管的通知》后，各地区、各部门按照“随机抽取检查对象”“随机选派检查执法人员”和“及时公布查处结果”的要求，全力推进“双随机、一公开”监管改革。2016 年，监管改革全面推开后，我国营商环境在 189 个国家和经济体中排名第 78 位，较 3 年前提高了 18 位。数据显示，截至 2017 年 6 月，“全国 13 个以上副省级城市、14 个地级市、23 个以上县，实行了市场监管综合执法，破解了多头执法问题，减轻了企业负担；已有 515.07 万户

① 《北京市大兴区村居法律顾问全覆盖》，《人民日报》2016 年 6 月 20 日。

市场主体列入经营异常名录,336.41 万名‘老赖’登上了‘黑名单’,其中被依法限制任职 7.11 万人次。”①江西省率先开发出省、市、县共用的“双随机、一公开”行政执法监督平台,目前该系统正试点运行。截至 2017 年 6 月,“已办案 1500 余件”②。“双随机、一公开”监管体制改革,减少政府的自由裁量权,增加市场的自主选择权,使监管更高效、更干净,让经济在更畅顺的通道上轻装前行。

---

① 王珂、乔栋、李家鼎:《监管迈向“升级版”(“放管服”改革回头看·督查进行时)》,《人民日报》2017 年 6 月 6 日。

② 申少铁:《智能监管,让经济轻装前行(一线视角·督查手记)》,《人民日报》2017 年 6 月 9 日。

五、建设社会主义文化强国

五年来，以习近平同志为核心的党中央始终高度重视社会主义文化强国建设，旗帜鲜明地强调必须走中国特色社会主义文化发展道路，坚持为人民服务、为社会主义服务的方向，坚持百花齐放、百家争鸣的方针，坚持贴近实际、贴近生活、贴近群众的原则，推动社会主义精神文明和物质文明全面发展，建设面向现代化、面向世界、面向未来的，民族的科学的大众的社会主义文化。五年来，文化体制改革不断深化，持续解放和发展了文化生产力，发扬学术民主、艺术民主，为人民提供了更加广阔的文化舞台。全民族文化创造活力持续迸发，社会文化生活更加丰富多彩、人民基本文化权益得到更好保障、人民思想道德素质和科学文化素质进一步提高，中华文化国际影响力不断增强，进一步开创了文化繁荣发展的生动景象。

（一）培育和践行社会主义核心价值观

每个走向复兴的民族，都离不开价值追求的指引；每段砥砺奋进的征程，都必定有精神力量的支撑。这种追求，虽百折而不挠；这种力量，“最持久最深沉”。核心价值观，承载着一个民族、一个国家的精神追求，体现着一个社会评判是非曲直的价值标准。

中央政治局集体学习中，第十二次、第十三次、第二十九次的主题均与核心价值观建设紧密相关。社会主义核心价值观的要义、内涵、作用等愈加清晰。2013 年 12 月，中共中央办公厅印发《关于培育和践行社会主义核心价值观的意见》，明确提出以“三个倡导”为基本内容的社会主义核心价值观是凝聚全党全社会价值共识作出的重要论断，为培育和践行社会主义核心价值观提供了基本遵循。《意见》全面阐述了培育和践行社会主义核心价值观的意义、原则、途径和方法，对这一“铸魂工程”作出了新的战略部署。五年来，党中央紧紧抓住价值观自信这个关乎民族精神独立性的大问题，以传统文化涵养社会主义核心价值观，抵御错误思潮侵袭。

一方面，以中华优秀传统文化涵养社会主义核心价值观，把家教家风作为推进社会主义核心价值观落地生根的重要抓手。在 2015 年春节团拜会上，习近平总书记指出，不论时代发生多大变化，不论生活格局发生多大变化，都要重视家庭建设，注重家庭、注重家教、注重家风，紧密结合培育和弘扬社会主义核心价值观，发扬光大中华民族传统家庭美德。① 2016 年 1 月 1 日起实施的《中国共产党廉洁自律准则》中，把“廉洁齐家，自觉带头树立良好家风”上升为党员领导干部的基本要求。各地既重“古贤”又重“今贤”，重构乡村本土文化，敦厚民心民风，激励向上向善，有力促进了社会主义核心价值观在乡村扎根。由中宣部、中央文明办主办的“我们的节日”主题活动

① 习近平：《在二〇一五年春节团拜会上的讲话》（2015 年 2 月 17 日），《人民日报》2015 年 2 月 18 日。

秉承“长中国人的根、聚中国人的心、铸中国人的魂”宗旨，以民族传统节日为契机弘扬中华优秀传统美德，让传统节日成为爱国节、文化节、道德节、情感节、仁爱节、文明节，彰显了节日文化内涵，树立了节日新风。

另一方面，抵御错误思潮侵袭，划清社会主义核心价值观与西方所谓“普世价值”的鲜明界限。社会主义核心价值观的每个关键词，既根源于中华优秀传统文化，又充分吸取了现代人类文明的优秀思想，实际上回答了要建设什么样的国家、建设什么样的社会、培育什么样的公民的重大问题，与西方价值标准有着清晰分野——“富强、民主、文明、和谐”的国家价值目标，与“五位一体”总体布局紧密联系，彰显了中国特色社会主义的广阔前景；“自由、平等、公正、法治”的社会价值取向，与国家、公民两个层面上下衔接，是推进社会治理创新的根本遵循；“爱国、敬业、诚信、友善”的公民价值准则，外化为道德建设与行为准则，体现了社会文明水准与国家精神风貌。

社会主义核心价值观在培育工作中落细、落小、落实，使社会主义核心价值观的弘扬与践行更重顶层设计，更富内在驱动，渗透到治国理政各个环节，浸润于社会生活方方面面。一方面，抓好重点人群，稳固社会主义核心价值观的根与魂。“打铁还需自身硬”，领导干部这个“关键少数”必须成为践行社会主义核心价值观的先行者、好样本。党中央作出八项规定、开展党的群众路线教育实践活动、“三严三实”专题教育等，净化了政治生态，党员领导干部带头走正路、干正事、扬正气，有效激发了全社会崇德向善的正能量。“人生的扣子从一开始就要扣好”，社会主义核心价值观培育从少年儿童和青年学生抓起，融入国民教育全过程，为未来整个的价值取向打下坚实基础。另一方面，注重全面覆盖，放大凡人善举、平凡英雄的光与热。开展全国道德模范评选、时代楷模发布、感动中国人物表彰、"身边好人""寻找最美"等各种形式的道德模范评选活动，进一步扩大道德模范的强大示范效应，与文明城市、文明村镇、文明单位、文明家庭、文明校园等创建活动相得益彰、同频共振。

从世界多彩文明中汲取丰富营养，为人类共同价值贡献东方智慧。2015 年 9 月 28 日，习近平总书记出席第七十届联合国大会一般性辩论并发表重要讲话，明确提出，和平、发展、公平、正义、民主、自由，是全人类的共同价值。目标远未完成，需要世界各国共同努力。"全人类共同价值"，是对"人类命运共同体"在思想理念层面的深度挖掘，是对世界各国自觉奉行的价值准则的高度概括。它反映着世界最广大民众的价值理想、价值愿望和价值追求，是人类处理各类关系的共同准则。它不是折射某些西方国家强权霸道的所谓"普世价值"，而是强调各个国家和民族的平等和自主，强调要看到每个国家的历史文化、发展阶段不一样，在追求共同价值的过程中有先有后，要正视这种差异。社会主义核心价值观与全人类的共同价值内在相通，中国文明的发展不是站在人类现代文明之外的发展，而是主动融入、引领世界潮流的发展。社会主义核心价值观既植根于五千多年中华文明的丰厚土壤，也汲取着全人类共同文明成果和共同价值的丰富营养，它是全人类共同的文明成果和共同价值的升华和具体体现。中国特色社会主义建设取得的巨大成就，早已确证中国道路对世界和平发展的重要启示意义，彰显中国道路向前延展的价值理念支撑，也因此成为"人类共同价值”宝贵的智慧资源，不断为世界各国尤其是发展中国家提供极富价值的参考。①

（二）繁荣社会主义文艺

文艺是时代前进的号角，最能代表一个时代的风貌，最能引领一个时代的风气。实现“两个一百年”奋斗目标、实现中华民族伟大复兴的中国梦，文艺的作用不可替代，文艺工作者大有可为。以习近平同志为核心的党中央从民族复兴的战略高度，深刻阐释文化的地位作用，为社会主义文艺的繁荣发展指明了前进方向，对广大文艺工作者寄予殷切期望。2014 年 10 月 15 日，习近平总书记在北京主持召开文艺工作座谈会并发表重要讲话，强调广大文艺工作者要正确认识文艺的重要地位和作用，正确认识自己所担负的历史使命和责任，坚持以人民为中心的创作导向，努力创作更多无愧于时代的优秀作品，弘扬中国精神，凝聚中国力量，鼓舞全国各族人民朝气蓬勃迈向未来。② 2015 年 10 月，中共中央印发《关于繁荣发展社会主义文艺的意见》（以下简称《意见》）。《意见》从“做好文艺工作的重大意义和指导思想”、“坚持以人民为中心的创作导向”、“让中国精神成为社会主义文艺的灵魂”、“创作无愧于时代的优秀作品”、“建设德艺双馨的文艺队伍”和“加强和改进党对文艺工作的领导”等方面，详细阐述了为什么和怎么样繁荣我们的社会主义文艺工作，为进一步

① 习近平：《携手构建合作共赢新伙伴，同心打造人类命运共同体——在第七十届联合国大会一般性辩论时的讲话》，《人民日报》2015 年 9 月 29 日。

② 习近平：《在文艺工作座谈会上的讲话》，《人民日报》2015 年 10 月 15 日。

做好相关工作做出了全面的部署。① 国家艺术基金成立 3 年来，共投入 18.8 亿元、资助项目 2087 项，激发了全社会艺术创造活力。

广大文艺工作者坚实价值理想，牢记使命担当，争做“时代风气的先觉者、先行者、先倡者”。庆祝中华人民共和国成立 65 周年音乐会、纪念中国人民抗日战争暨世界反法西斯战争胜利 70 周年文艺晚会、庆祝中国共产党成立 95 周年音乐会和美术作品展览等活动，凝聚起向上向善的强大力量。围绕社会主义核心价值观的 24 字内容，中国音乐家协会组织音乐家创作《富强之路》《民主之风》《文明之花》等一组 13 首歌曲，让广大人民群众在故事中、在诗歌中、在音乐中，将 24 字内化于心、外化于行。以“时代领跑者”为主题，中国美术家协会组织老中青三代画家收集整理大量劳模资料，为劳模造像、为时代记忆、为人民放歌。关注“一带一路”建设发展，中国曲艺家协会组织 100 多位曲艺工作者体验丝绸之路沿线人民群众的生活，在为当地群众送去欢乐的同时，创作了一批反映“一带一路”生产生活实际的优秀作品。聚焦“中国梦”的奋斗历程，中国摄影家协会引导广大摄影人用镜头记录历史和沸腾的现实生活，以独特的视野发现、挖掘现实生活中的真善美。“好山好水好人好事”摄影展两个月收到近 7 万件来稿。广大影视戏剧工作者创作出电影《百团大战》《战狼》、电视剧《平凡的世界》《海棠依旧》《太行山上》《北平无战事》、现代京剧《西安事变》、豫剧《焦裕禄》、评剧《母亲》《红高粱》、湘剧《月亮粑粑》和话剧《麻醉师》等一批弘扬社会主义核心价值观

---

① 《中共中央关于繁荣发展社会主义文艺的意见》，《人民日报》2015 年 10 月 20 日。

的优秀作品，引导人们求真、崇善、向美，让主旋律更响亮，正能量更强劲。

广大文艺工作者深入人民群众，书写伟大梦想。从2015年开始，中国文联持续开展“到人民中去”“文艺进万家”等文艺采风系列活动。仅当年，就有近7万名文艺工作者、志愿者参与2000多场次的主题实践活动，直接服务300多万基层群众，中国文联招募选派395名文艺志愿者在贫困区县近100所乡镇中小学开展文艺支教活动，组织选派160位文艺家在全国14个省区开展了戏剧、音乐、舞蹈、美术、曲艺、摄影、书法、民间文艺8类文艺培训项目，为基层留下一支带不走的文艺工作者队伍。几年来，从黑龙江边防哨所到海南三沙群岛，从南水北调工程建设工地到地震洪水灾区板房，广大文艺工作者和志愿者风雨无阻、奉献人民，带去了党中央对人民群众文化生活的关心关怀，也带回了心灵的感动和创作的滋养。

为了促进古老艺术薪火相传，国务院办公厅出台支持戏曲传承发展的若干政策，提出实施戏曲剧本孵化计划，为优秀剧本创作提供专项资金，被誉为“振兴戏曲艺术的及时雨”。针对评奖过多过滥、公信力不强的问题，中办、国办出台《关于全国性文艺评奖制度改革的意见》，文艺评奖快速“瘦身”，奖项含金量、美誉度显著提升。在上述一系列顶层设计的推动下，文化市场顶住经济下行压力，呈现出一派暖意融融的景象。2015年，全国各种戏剧戏曲演出达65万多场次，比2014年增长近两成。而在2016年，全年电影票房超过380亿元，比2015年同期净增20多亿元，观影人次超过11.2亿人次。

文艺阵线创作产出的民族性、主体性进一步增强。广大文艺工作者依靠文艺创作增强文化自信、彰显中国精神。中国文艺在世界舞台留下越来越多的惊叹与喝彩,展示了中国文化独树一帜的风格气派。京剧名家走进纽约林肯中心,成功演出全本京剧《白蛇传》《锁麟囊》;上海昆剧团将汤显祖的“临川四梦”首次完整搬上舞台并开启世界巡演,所到之处盛况空前;一批名家的作品被国外译成多种语种出版,多位中国作家问鼎国际文学奖;中英联合摄制的大型纪录片《孔子》被认为是“向世界讲好中国故事”的积极探索。从《中华好诗词》《唐诗风云会》到《中国汉字听写大会》《中国成语大会》,再到圈粉无数的《中国诗词大会》,一大批火爆荧屏的原创文化类节目被网友点赞“有文化有格调有内涵”;芗剧《保婴记》、秦腔《花儿声声》、黄梅戏《小乔初嫁》、汉剧《宇宙锋》、湘剧《谭嗣同》等,无一不是通过对中国历史文化的挖掘来彰显民族精神与时代精神。还有《中华文明的根柢——民族复兴的核心价值》等书籍输出到美国、越南等国家和地区,“剑桥中国文库”初具规模,向世界介绍最具中国特色、最具时代风貌的当代中国文化。独特的中国文化正在吸引着世界注目,进一步激发当代国人的自觉探索与开放创新。

(三) 传承和弘扬中华优秀传统文化

以习近平同志为核心的党中央高度重视传承和弘扬中华优秀传统文化,将开展这一工作上升到事关整个社会主义文化强国建设的战略高度。从“三个独特”到“四个讲清楚”,从“创造性转化、创新性发展”方针的提出,到“既向内看、又向外看”“既向前看、又向后看”视野的展现,习近平总书记关于弘扬优秀传统文化的系列重要讲话,为传承发展中华优秀传统文化提供了科学方法论,成为文物、遗产、古籍、传统艺术、诗词歌赋活态传承的基本遵循。

2017 年 1 月，中共中央办公厅、国务院办公厅联合下发《关于实施中华优秀传统文化传承发展工程的意见》（以下简称《意见》）。《意见》详细阐述了进一步做好这项工作的重要意义、指导思想、基本原则和总体目标。强调要立足核心思想理念、中华传统美德和中华人文精神等方面集中把握中华优秀传统文化的主要内容。明确指出要围绕“深入阐发文化精髓”“贯穿国民教育始终”“保护传承文化遗产”“滋养文艺创作”“融入生产生活”“加大宣传教育力度”和“推动中外文化交流互鉴”等方面来做好中华优秀传统文化的传承发展工作。

传承和弘扬中华优秀传统文化，需要连接中华传统与现代中国。2016 年 9 月，“中华古籍资源库”在国家图书馆发布，预计到 2017 年年底，国图八成以上的古籍善本将可供给亿万普通中国公众信手“阅读”。同年年底，最具中华文化代表性的世界级博物馆故宫，开放面积达到了 76%，从文物、园林，到“帝后娃娃”“朝珠耳机”，都在用不同的方式讲述着中国故事。记录数千年历史的文化典籍、俯瞰六百年烟云的皇家宝藏，和陈列在中华大地上的无数文化遗产一样，不断展示着自身在 21 世纪的勃勃生机。家风家教，传承传统美德、敦促廉洁齐家；乡贤文化，重构乡土道德、醇化民风民俗……对中华传统美德的创造性阐释，成为涵养社会主义核心价值观的重要源泉，让后者充分凸显出为民族传承立根铸魂，为国家发展凝心聚力，为社会进步成风化人的价值纽带意义。

传承和弘扬中华优秀传统文化，需要会通民族文化与世界文明。以传播规律表达乡土中国视角，让纪录片《舌尖上的中国》在全球刮起了一阵中华美食旋风；以现代魔幻电影的魅力塑造中国英雄，让动画电影《西游记之大圣归来》创造了中国动画片海外销售纪录。同样，中华医药、中华烹饪、中华武术、中华典籍正以各种创新性的方式走近各国人民；中国戏曲、民乐、书法、国画，正以文化的方式向世界讲述中国。全方位、多层次、宽领域的中华文化传播格局的新模式下，中国智慧、中国资源和中国技艺，在实现“洋为中用”的同时，也通过“中为洋用”，彰显出中国“为人类作出新的更大的贡献”的大同情怀。

传承和弘扬中华优秀传统文化，需要推进理论建构与大众实践。“马克思主义与中华传统文化的关系”“文化自信与中国哲学发展前景”等历史性、根本性研究在理论界获得了重大进展，“新仁学”“仁学本体论”等中国哲学创新性理论成果陆续涌现。面向中国和世界发展的重大问题，理论界确立自己的基本话语、建构自己的学说命题，形成了对中华优秀传统文化的形而上解读、凝练了对中国历史选择和历史道路的文化表达。

文化的热点，必有深层的动因；理论的建构，必有实践的回响。2016年，在一部国产动画片中，后土、嫘祖、祝融等古书中的人物成为故事的主角；福建土楼、宁波天一阁等古典文化地标成为故事的背景；二十四节气、上古神话传说成为主人公顺手拈来的台词——《大鱼海棠》，这部在豆瓣上引发十数万观众参与讨论的漫画电影，以其精美的中国画风，“天人合一”的哲学理念和丰富的民俗文化细节，在广大观众中形成了一种文化的默契。一批制作精美、质量上乘的电影作品将民族文化精髓融入其间；火爆荧屏的原创文化类节目被网友点赞“有文化有格调有内涵”；从长篇小说《江南三部曲》《这边风景》《生命册》《繁花》到纪实文学《抗日战争》《血色国魂》，中国文坛佳作频出。集合全国近百所高校及科研院所专业力量的《辞源》

第三版修订工作竣工,《中国古籍总目》《史记》(修订本)等一大批古籍整理精品力作推出,《顾炎武全集》等近40个规划项目成果获得中国出版政府奖、中华优秀出版物奖等国家级出版奖项。中华文化资源普查工程、国家古籍保护工程、中华文化典籍整理编纂出版,被条分缕析地写入《关于实施中华优秀传统文化传承发展工程的意见》,已成为传承中华优秀传统文化的重要载体和重要抓手。

(四) 加强网络文化阵地建设

近年来,我国的互联网事业飞速发展。截至2016年,我国网民规模已达到7.1亿,其中手机网民规模6.56亿,我国互联网普及率达到51.7%,超过全球平均水平3.1个百分点,网民规模连续9年居全球首位;固定宽带接入数量达4.7亿,覆盖全国所有城市、乡镇以及95%的行政村,中国多家互联网企业进入全球10强。互联网事业的飞速发展使加强网络文化阵地建设的重要性进一步凸显出来。

2014年,中国网信事业发展进入第20个年头。当年2月,中央网络安全和信息化领导小组成立,习近平总书记担任组长。“没有网络安全就没有国家安全,没有信息化就没有现代化。”“网络安全和信息化是事关国家安全和国家发展、事关广大人民群众工作生活的重大战略问题,要从国际国内大势出发,总体布局,统筹各方,创新发展,努力把我国建设成为网络强国。”①习近平总书记坚定的话语,拉开了我国网信事业深化改革的大幕。从中央网络安全和信息化领

① 《总体布局统筹各方创新发展　努力把我国建设成为网络强国》,《人民日报》2014年2月28日。

导小组第一次会议开始，到 2014 年 7 月在巴西国会发表演讲；从 2014 年 11 月给首届世界互联网大会致贺词，到 2015 年 9 月出席中美互联网论坛……不管是国内考察还是国际出访，不管是召开重大会议还是参加重要活动，习近平总书记多次对我国网信事业发展作出重要论述，为加强网络文化阵地建设提供了根本遵循。

2016 年 4 月，中央专门召开网络安全和信息化工作座谈会。习近平总书记在会议上强调，互联网不是法外之地。利用网络鼓吹推翻国家政权，煽动宗教极端主义，宣扬民族分裂思想，教唆暴力恐怖活动，等等，这样的行为要坚决制止和打击，决不能任其大行其道。利用网络进行欺诈活动，散步色情材料，进行人身攻击，兜售非法物品，等等，这样的言行也要坚决管控，决不能任其大行其道。要本着对社会负责、对人民负责的态度，依法加强网络空间治理，加强网络内容建设，做强网上正面宣传，培育积极健康、向上向善的网络文化，用社会主义核心价值观和人类优秀文明成果滋养人心、滋养社会，做到正能量充沛、主旋律高昂，为广大网民特别是青少年营造一个风清气正的网络空间。此次会议还就我国尽快取得互联网核心技术的突破，正确处理维护网络社会安全和促进互联网事业发展的关系等问题做出了明确部署。此次会议的召开，为在新形势下进一步做好互联网相关工作指明了方向。①

治网之道，法治为本。2016 年 11 月 7 日，先后经过三次审议的《中华人民共和国网络安全法》在十二届全国人大常委会第二十四次会议上获高票通过。网络安全法的制定颁布，是党的十八大以来

---

① 习近平：《在网络安全和信息化工作座谈会上的讲话》，《人民日报》2016 年 4 月 26 日。

我国互联网治理模式转变和治理能力提升的一个缩影。五年来，网络空间治理法治化进程阔步前进，全局性、根本性的立法开始启动。中央网信办牵头编制“互联网立法规划”，统筹协调并积极推进网络安全法、电信法、电子商务法、未成年人网络保护条例等重要法律法规立法进程；另一方面，包括《刑法修正案（九）》《中华人民共和国电信条例》《计算机软件保护条例》《信息网络传播权保护条例》等在内的相关法律、法规、规章和司法解释加快出台，互联网法治体系更加完善。

与此同时，面对互联网新技术新产品新应用瞬息万变的发展变化，以及由此带来的新现象新问题，一系列有针对性的规范管理文件及时出台。涉及即时通信工具公众信息服务发展管理、互联网用户账号名称管理、互联网信息搜索服务管理、移动互联网应用程序信息服务管理、互联网直播服务管理等方面。这些规章制度，充分体现了引导和规范相结合、鼓励和监督相统一的原则。明确了政府部门的监管责任，抓住了企业主体责任，更调动起公众共同参与管网治网的积极性，构建了多方共治、良性互动的治理新局面。此外，2016 年 8 月，中央网信办、国家质检总局、国家标准委联合印发《关于加强国家网络安全标准化工作的若干意见》，推动开展关键信息基础设施保护、网络安全审查、大数据安全、个人信息保护、新一代通信网络安全、互联网电视终端产品安全、网络安全信息共享等领域的标准研究和制定工作，建立了统一权威的国家信息标准工作机制，为保护信息安全、促进产业发展提供了坚实保障。

一系列与互联网事业相关的法律法规和安全标准的建立、健全和制定实施，从根本上推动了我国互联网事业的进一步健康和繁荣发展。五年来，我国超级计算机进入全球500强的数量首次名列全球第一，发射世界首颗量子通信科学试验卫星，我国推动的窄带物联标准成为全球统一标准，一大批先进技术引领世界潮流，不少互联网企业创新能力进入全球前列。“净网2014”“剑网2014”“清源2015”“护苗2015”，专项整治婚恋网站、招聘网站、旅游网站等违规失信行为，推进网络诚信制度建设，推动建立网站管理人员失信黑名单制度……网络生态进一步好转，主旋律更加响亮，正能量更加充沛，网络空间日渐清朗。实施“中国好网民工程”，实施“网上公益工程”，连续3年举办国家网络安全宣传周，公民网络安全素养大幅提升，网络安全意识深入人心。中国互联网发展基金会、中国网络空间安全协会等各类新型网络社会组织纷纷成立；网络安全和信息化人才培养取得实质性进展，“网络空间安全”成为一级学科，“网络空间安全学院”在多所大学落地；电子政务快速发展，智慧城市建设如火如荼……网信事业在我国各个方面开花结果。

互联网企业市值规模迅速扩大。截至2016年，我国互联网相关上市企业328家，其中在美国上市61家，沪深上市209家，香港上市55家，市值规模达7.85万亿元，相当于中国股市总市值的25.6%。互联网经济在中国GDP中占比持续攀升，2014年时即已达到7%，占比开始超过美国。互联网企业的市值总和也超过了中国股市的1/4。中国互联网企业突飞猛进，阿里巴巴、腾讯、百度、京东4家中国公司入围全球互联网公司10强。电子商务改变了绝大多数中国人的生活，网购规模年年创新高。仅天猫2015年“双十一”一天就创下交易额912亿元，而美国的“黑五”当天网购的销售额仅相当于174亿元人民币，为天猫的19%。中国的互联网产品和品牌不仅在国内家喻户晓,在世界上也小有名气。支付宝早在2013年成全球最大移动支付公司,微信全球月活跃账户已达到6.5亿,百度旗下移动产品已在海外收获7亿用户,猎豹74%的移动端月度活跃用户来自欧美为主的海外市场。

互联网产品种类更加丰富,产品数量进一步攀升,屡创历史新高。截至2016年,我国网络视频、网络音乐、网络文学、网络游戏等用户规模达4.81亿,同比增加1亿人,其中,网络视频用户达4.6亿,同比增长60%;网络音乐用户达4.79亿,同比增长33%;网络文学用户规模达2.8亿,同比增长50%;网络游戏用户达3.8亿,同比增长26%。网络文化产业规模达1500亿元,同比增长200%,其中,网络文学市场规模达88亿,同比增长13倍,网络原创文学作品超过当代文学纸质媒体发表作品50年的总和;网络音乐市场规模达98亿,同比增长2.5倍;网络视频市场规模达240亿,同比增长3.3倍,累计播放超千亿次;网络游戏市场规模达1108亿,同比增长1.4倍,特别是自主研发网络游戏走出国门,收入达到200亿元,同比增长近10倍。

(五)讲好中国故事

以习近平同志为核心的党中央反复强调,要精心做好对外宣传工作,创新对外宣传方式,着力打造融通中外的新概念新范畴新表述,讲好中国故事,传播好中国声音。

习近平总书记是讲好中国故事的提倡者,也是讲好中国故事的践行者。

首先,讲好中国道路的历史和现实。习近平总书记每次出访发表演讲,都注重从历史和现实的角度、从国内外比较的视角阐释中国道路,说明这条道路是中国奇迹、中国成功的根本原因。例如,2013年3月,他在莫斯科国际关系学院的演讲中强调:"'鞋子合不合脚,自己穿了才知道'。一个国家的发展道路合不合适,只有这个国家的人民才最有发言权。"2017年1月,他在世界经济论坛2017年年会开幕式上的主旨演讲中指出:"中国立足自身国情和实践,从中华文明中汲取智慧,博采东西方各家之长,坚守但不僵化,借鉴但不照搬,在不断探索中形成了自己的发展道路。"

其次,讲好中国梦的背景和内涵。在每次出访和出席很多国际场合时,习近平总书记都十分注重向外界讲好中国梦的故事,阐释中国梦是中国人民对幸福美好生活的不懈追求和中华民族伟大复兴的美好憧憬,阐释中国梦的世界意义。例如,2014年在韩国国立首尔大学演讲时,习近平总书记指出,中国人民在"为实现全面建成小康社会、实现中华民族伟大复兴的中国梦而努力奋斗,韩国人民也在致力于开创'国民幸福时代'、创造'第二汉江奇迹'的韩国梦"。2015年在越南国会演讲时,习近平总书记指出:"如同越南人民一直在追求民富、国强、民主、公平、文明的梦想一样,实现国家富强、民族振兴、人民幸福,是中华民族的百年梦想。"

再次,讲好中华优秀传统文化的独特魅力。在每次出访和出席很多国际场合时,习近平总书记都很好地向世界各国展示中华文化魅力,展示中华文化与各国文化交流互鉴的成果,让各国人民更好触摸中华文化脉搏,更好地理解中国人的价值观和发展理念。例如,2015年11月,在新加坡国立大学的演讲中,习近平总书记说:"今年

7月，几名新加坡‘90后’大学生参加了2015‘看中国·外国青年影像计划’，他们来到中国西北，用镜头记录现代中国，通过秦腔、兰州牛肉面、羊皮筏子等元素了解和传递中华文化。”2016年，习近平总书记在阿拉伯国家联盟总部演讲时指出：“中华文明与阿拉伯文明各成体系、各具特色，但都包含有人类发展进步所积淀的共同理念和共同追求，都重视中道平和、忠恕宽容、自我约束等价值观念。”

最后，讲好中国坚持和平发展的理念和主张。习近平总书记出访讲得更多的还是中国和平发展的故事。讲中国倡导的正确义利观、人类命运共同体、新型大国关系、亚洲新安全观、亲诚惠容周边外交理念等，讲中国和平发展对世界的好，讲中国对人类文明及其进步的贡献，展示中国负责任大国的形象。例如，2014年，在印度世界事务委员会的演讲中指出：“中国自古就倡导‘强不执弱，富不侮贫’，深刻总结了‘国虽大，好战必亡’的箴言。以和为贵、和而不同、化干戈为玉帛、天下大同等理念在中国世代相传。”2017年，在联合国日内瓦总部演讲时指出：“各国相互联系、相互依存，全球命运与共、休戚相关，和平力量的上升远远超过战争因素的增长，和平、发展、合作、共赢的时代潮流更加强劲。”①

宣传思想战线在讲好中国故事方面取得了卓越成绩。如《中国日报》推出“解读中国共产党”系列主题报道，以国际化的视角和突出人、讲故事的报道方式，拉近了海外受众与中国共产党的距离，利用《华盛顿邮报》《纽约时报》《华尔街日报》《国际先驱论坛报》《每日电讯报》等美国、欧洲、亚太等国家和地区的主流媒体的发行渠

① 张广昭、陈振凯：《习近平如何向世界讲中国故事?》，《人民日报(海外版)》2017年2月22日。

道，及时将策划的“中小企业海外发展”“外资企业在中国的发展”等内容传播到世界各地，并借助亚洲新闻联盟、亚洲新闻图片网等传播平台的共享作用，及时将图像、声音、文字等信息更广泛地传播到世界各地，展现中国经济社会发展成就。

从2017年5月开始，为喜迎党的十九大召开，以更加生动的笔触和更加鲜活的镜头全面展现十八大以来奋进中国的铿锵轨迹。按照中宣部部署，中央和地方主流媒体协同动员，努力把中国故事讲得更好。为了突出报道重点，形成报道声势，《人民日报》《经济日报》等报纸都多次采取了“1+1”形式推出报道，在头版简述报道要点亮点，并通过加红框、双头条、通讯加言论等形式，打造出一个头版“视觉高地”，然后在后面的版面通过详细报道打出主题报道的组合拳，让读者看头版时“有兴趣”，翻到后面“更解渴”。为了打好报道组合拳，不少媒体结合自己的媒体特点，努力推出更有针对性的报道。《解放军报》6月3日的报道《军民深度融合：京津冀协同发展新推手》，报道了京津冀协同发展加军民融合，让贫困悄然退场；《中国妇女报》更多把关注的目光投到女性身上，《“火龙果女皇”林汉文：让更多妇女对脱贫摘帽有信心》等报道，展现了女性在脱贫工作中的重要作用；《大众日报》《陕西日报》《湖南日报》《贵州日报》《宁夏日报》等地方党报纷纷开设专栏或专版报道五年来的扶贫攻坚成就，其中，《宁夏日报》更是从5月8日就开设了《砥砺奋进的五年》专栏和专版；《贵州日报》6月5日头版刊发的《花茂村民的新职业》一文，展现了遵义市播州区枫香镇花茂村的新风貌；《湖南日报》6月5日头版报道了张家界如何破解旅游统计世界性难题；等等。

从精心译制的影视剧、制作精良的文学作品，到中西方文化交融而成的艺术“混搭”,中国文化艺术以更加自信优雅的姿态登上世界舞台。从推出多样化新媒体产品,到打造“中央厨房”、培养全媒人才,新闻界推动媒体深度融合发展,主动借助新媒体传播优势。国新办新闻发布客户端“国新发布”APP和“网上新闻发布厅”启动,更加便捷地向海内外介绍中国发展,等等。宣传思想战线一方面紧紧抓住新闻传播这个工作重点,在着力提升讲好中国故事能力的同时,也注重为讲好中国故事提供更为先进和有效的技术平台支撑;另一方面也始终注意在整个文化建设工作中全面凸显讲好中国故事这条重要线索,围绕这个线索生产出更多更好的文化产品。与此同时,党的各条工作战线和各行各业,广大干部群众也都用做好自己的本职工作的实际行动,为我们进一步讲好中国故事源源不断地提供着更加丰富和有力的素材。

六、推进民生改善和创新社会治理

“我们的人民热爱生活，期盼有更好的教育、更稳定的工作、更满意的收入、更可靠的社会保障、更高水平的医疗卫生服务、更舒适的居住条件、更优美的环境，期盼孩子们能成长得更好、工作得更好、生活得更好。人民对美好生活的向往，就是我们的奋斗目标。”① 2012 年 11 月 16 日，习近平总书记在十八届中央政治局常委同中外记者见面时的这段讲话，朴实亲切、饱含深情，温暖了亿万人的心。五年来，以习近平同志为核心的党中央，把民生工作和社会治理工作作为社会建设的两大根本任务，高度重视、大力推进，改革发展成果正更多更公平惠及全体人民。

（一）抓住人民群众最关心最直接最现实的利益问题

坚持以民为本，从人民最关心最直接最现实的问题出发，紧紧围绕学有所教、劳有所得、病有所医、老有所养、住有所居，攻坚克难，不

① 中共中央文献研究室编：《十八大以来重要文献选编》（上），中央文献出版社 2014 年版，第 70 页。

断开拓民生改善新局面。从就业到教育,从住房到养老,从医疗到社会保障,改善民生是一项长期工作,没有终点站,只有连续不断的新起点。

努力办好人民满意的教育。五年来,从“努力办好人民满意的教育”出发,出台一系列教育改革措施,力争“让每个孩子都能成才”。2016年6月,国务院办公厅印发《关于加快中西部教育发展的指导意见》,第一次全口径对中西部教育发展做出顶层设计。2016年7月,国务院出台《关于统筹推进县域内城乡义务教育一体化改革发展的若干意见》,推动消除义务教育城乡二元结构壁垒。2016年12月,教育部等六部门又联合印发《教育脱贫攻坚“十三五”规划》,启动实施“职业教育东西协作行动计划”。这是国家首个教育脱贫的五年规划,也是“十三五”时期教育脱贫工作的行动纲领。数据显示,2016年在财政收支压力加大的情况下,“财政性教育经费支出占国内生产总值比例继续超过4%。重点高校招收贫困地区农村学生人数增长21.3%。免除农村贫困家庭学生普通高中学杂费。全年资助各类学校家庭困难学生8400多万人次。”①截至2016年年底,“全国已有1824个县级单位通过了义务教育发展基本均衡县国家评估认定;19个副省级以上大城市公办中小学学生就近入学比例均超过九成;农村和贫困地区学生上重点高校规模和比例不断提高。”②贫困地区办学条件持续改善,优质教育资源覆盖面不断扩大,城乡、区域、校际办学差距也不断缩小。

① 李克强:《政府工作报告——2017年3月5日在第十二届全国人民代表大会第五次会议上》,《人民日报》2017年3月16日。

② 《两会哪些话题热度高》,《人民日报》2017年3月3日。

精准发力抓好就业工作。坚持就业优先战略,扎实做好重点人群、重点地区就业工作,推动全体人民共享发展成果。中央先后印发了《进一步做好新形势下就业创业工作重点任务分工方案》(2015年6月)、《促进中小企业发展规划(2016—2020年)》(2016年7月)、《“十三五”促进就业规划》(2017年2月)等制度性文件,为就业工作提供新的制度保障。尽管经济下行压力持续加大、城乡就业人数持续增加,但我国的就业结构不断优化,就业规模持续扩大,失业率连续保持较低水平。2013年至2016年,城镇新增就业人数连续保持在1300万人以上,分别为1310万、1322万、1312万和1314万人,累计5258万人。2017年1月至5月,城镇新增就业人数为599万人,比2016年同期增长了22万人。① 城镇登记失业率一直保持在4.1%左右,低于“十二五”规划5%的控制目标。2016年,城镇登记失业率为4.02%,创多年来最低。

把维护人民健康权益放在重要位置。按照保基本、强基层、建机制的要求,坚持公立医院公益性的基本定位,进一步深化医疗保障、医疗服务、公共卫生、药品供应、监管体制综合改革。2015年4月,中央全面深化改革领导小组第十一次会议审议通过《关于城市公立医院综合改革试点的指导意见》。此后,又出台《“健康中国2030”规划纲要》(2016年10月)、《“十三五”深化医药卫生体制改革规划》(2017年1月)等制度性文件。同时,不断整合城乡居民基本医保制度,增加基本公共卫生服务经费,实现大病保险全覆盖。逐年提高财政投入,力度不断加大。2016年中央财政安排城

① 《前5个月中国新增就业599万人　全年目标完成过半》,中国新闻网,http://www.chinanews.com/cj/2017/06-14/8250818.shtml。

乡医疗救助补助资金 160 亿元，增长 9.6%；城乡居民基本医保财政补助由每人每年 380 元提高到不低于 420 元；基本公共卫生服务经费全国财政补助人均达 47.65 元，超过年初制定的从人均 40 元提高到 45 元的目标任务；在 80%的地市已开展分级诊疗试点，超过年初制定的 70%左右的目标任务。① 城乡居民健康差异进一步缩小，医疗卫生服务可及性、服务质量、服务效率和群众满意度显著提高。

健全更加公平、更可持续的社会保障体系。大力实施全民参保计划，建立健全城镇职工基本养老、城乡居民基本养老、城镇基本医疗、失业、工伤、生育等保险制度，覆盖城乡的社会保障体系基本建立。到 2016 年年底，全国参加城镇职工基本养老保险人数 37862 万人，比上年年底增加 2501 万人。参加城乡居民基本养老保险人数 50847 万人，增加 375 万人。参加城镇基本医疗保险人数 74839 万人，增加 8257 万人。其中，参加职工基本医疗保险人数 29524 万人，增加 631 万人；参加城镇居民基本医疗保险人数 45315 万人，增加 7626 万人；参加失业保险人数 18089 万人，增加 763 万人。年底全国领取失业保险金人数 230 万人。参加工伤保险人数 21887 万人，增加 455 万人，其中参加工伤保险的农民工 7510 万人，增加 21 万人；参加生育保险人数 18443 万人，增加 672 万人。年底全国共有 1479.9 万人享受城市居民最低生活保障，4576.5 万人享受农村居民最低生活保障，496.9 万人享受农村特困人员救助供养。全年资助 5620.6 万人参加基本医疗保险，医疗救助 3099.8 万人次。国家抚

① 石伟、储峰：《抓住人民最关心最直接最现实的利益问题》，《学习时报》2017 年 3 月 10 日。

恤、补助各类优抚对象877.2万人。① 与此同时，坚持“房子是用来住的、不是用来炒的”的定位，加快推进住房保障和供应体系建设，着力构建以政府为主提供基本保障、以市场为主满足多层次需求的住房供应体系，努力为住房困难群众提供基本住房。2016年11月，国际社会保障协会（ISSA）在第32届全球大会期间，将“社会保障杰出成就奖”（2014—2016）授予中国政府，以表彰我国近年来在扩大社会保障覆盖面工作中取得的卓越成就。

（二）打赢脱贫攻坚战

把脱贫攻坚纳入“五位一体”总体布局和“四个全面”战略布局，出台一系列政策措施，层层压实扶贫脱贫责任，实施精准扶贫、精准脱贫。2013年至2016年，我国农村贫困人口每年减少1200万人以上，分别为1650万、1232万、1442万、1240万人，累计达5564万人。扶贫开发工作取得了举世瞩目的成就。

层层压实扶贫脱贫责任。习近平总书记指出，要层层签订脱贫攻坚责任书、立下军令状，形成五级书记抓扶贫、全党动员促攻坚的局面。② 2015年11月，在中央扶贫开发工作会议上，中西部22个省区市党政主要负责同志向中央签署了脱贫攻坚责任书。2016年10月，中共中央办公厅、国务院办公厅正式印发《脱贫攻坚责任制实施办法》，要求“脱贫攻坚按照中央统筹、省负总责、市县抓落实的工作

① 中华人民共和国国家统计局：《中华人民共和国2016年国民经济和社会发展统计公报》，《人民日报》2017年3月1日。

② 习近平：《习近平谈治国理政》，外文出版社2014年版，第189页。

机制，构建起责任清晰、各负其责、合力攻坚的责任体系”①。各省层层压实责任，让各级各部门以更强的担当、更有力的举措确保各项部署落到实处。如江西省寻乌县，把脱贫攻坚确立为“书记工程”，建立起县、乡、村三级党组织书记负总责的扶贫责任落实机制。实践中，还探索出“2+10864”（即每位现职县级领导包2个贫困村，每个贫困村至少有1个县直、驻县单位帮扶，每位县级领导、正科级、副科级和一般干部分别结对10户、8户、6户、4户贫困户）工作机制，向贫困村选派第一书记和驻村工作队，实现“县级领导包村、单位对口帮村、干部结对帮扶”三个全覆盖，让全县各级干部人人肩上有责任、个个身上有任务。从而确保每个贫困村都有驻村工作队、每户贫困户都有干部帮扶，较好地解决了“谁帮扶”的问题。② 脱贫攻坚责任体系的建立，为全面推进脱贫攻坚各项工作提供了根本保证。

实施精准扶贫、精准脱贫。2015年6月，习近平总书记在贵州考察时，提出了扶贫开发工作“六个精准”的基本要求，即扶持对象要精准、项目安排要精准、资金使用要精准、措施到位要精准、因村派人要精准、脱贫成效要精准，这为脱贫攻坚战指明了方向、确定了路线。扶持对象要精准，这是精准扶贫的前提与基础，被称为精准扶贫的“第一战役”。2014年，全国扶贫系统组织了80万人进村入户，共识别贫困村12.8万个、贫困人口8962万人，并录入扶贫业务管理系统。为做到扶持对象精准，2015年8月至2016年6月，全国动员组织近200万人开展扶贫对象建档立卡“回头看”，剔除识别不准人口

① 《中办国办印发〈责任制实施办法〉》，《人民日报》2016年10月18日。

② 中共寻乌县委：《寻乌县扶贫脱贫工作调查报告》，《人民日报》2017年3月17日。

929 万人，补录贫困人口 807 万人，建档立卡指标体系逐步完善，数据精准度不断提高。健全“扶贫资金管理机制”，将扶贫资金花在刀刃上。2016 年，中央和省级财政专项扶贫资金首次突破 1000 亿元，其中中央为 667 亿元，同比增长 43.4%；省级为 493.5 亿元，同比增长 56.1%。①

扶贫开发成就举世瞩目。首先，农村贫困人口大规模减少。2013 年至 2017 年，中央财政累计安排财政专项资金 2787 亿元，投入脱贫攻坚，年均增长 22.7%。2013 年至 2016 年，我国农村贫困人口年均减少 1391 万人，累计脱贫 5564 万人。贫困发生率从 2012 年年底的 10.2%下降至 2016 年年底的 4.5%，下降 5.7 个百分点。② 其次，贫困人口的各项基本权益得到有效保障。2012 年以来，国家累计安排中央预算资金 404 亿元，地方各级统筹中央和省级财政专项扶贫资金 380 亿元，累计搬迁贫困人口 591 万人，农村贫困人口的生存权益得到有效保障。2013 年，启动教育扶贫工程，加强贫困地区义务教育薄弱学校建设。2014 年，实行义务教育免试就近入学政策，28 个省份实现了农民工随迁子女在流入地参加高考。2014 年，6600 多万农村人口饮水安全问题得到解决。2015 年，城镇保障性安居工程住房基本建成 772 万套，农村危房改造 432 万户。2016 年，棚户区住房改造 600 多万套，农村危房改造 380 多万户。一大批住房困难家庭圆了安居梦。最后，为全球减贫治理提供了“中国方案”。

① 刘永富：《不忘初心，坚决打赢脱贫攻坚战——党的十八大以来脱贫攻坚的成就与经验》，《求是》2017 年第 11 期。

② 《更好推进精准扶贫精准脱贫，确保如期实现脱贫攻坚目标》，《人民日报》2017 年 2 月 23 日。

2017年2月21日，习近平总书记在主持中共中央政治局第三十九次集体学习时指出，脱贫攻坚实践中，“我们形成了不少有益经验，概括起来主要是加强领导是根本、把握精准是要义、增加投入是保障、各方参与是合力、群众参与是基础。”①这“五条经验”，实质上就是一整套经过实践检验的减贫治理体系，为全球有效进行减贫治理提供了“中国方案”。

（三）创新社会治理

2013年11月，《中共中央关于全面深化改革若干重大问题的决定》正式提出“必须着眼于维护最广大人民根本利益，最大限度增加和谐因素，增强社会发展活力，提高社会治理水平”②。从“社会管理”到“社会治理”，既体现了党在国家治理上的理论与实践创新，也昭示着治国理政进入新境界。正如习近平总书记所指出：“治理和管理一字之差，体现的是系统治理、依法治理、源头治理、综合施策。”③2015年党的十八届五中全会明确提出“构建全民共建共享的社会治理格局”④，强调参与主体的“全民性”、过程涵盖的“共建性”和目标锁定的“共享性”，标志着我们党对社会治理规律认识与把握

---

① 《庄严的承诺　历史的跨越（砥砺奋进的五年）——党的十八大以来以习近平同志为核心的党中央引领脱贫攻坚纪实》，《人民日报》2017年5月22日。

② 《中共中央关于全面深化改革若干重大问题的决定》（2013年11月12日中国共产党第十八届中央委员会第三次全体会议通过），《人民日报》2013年11月16日。

③ 中共中央文献研究室编：《习近平关于全面建成小康社会论述摘编》，中央文献出版社2016年版，第142页。

④ 《中共十八届五中全会在京举行》，《人民日报》2015年10月30日。

的进一步深化。五年来，社会治理创新取得显著成效。

开创城乡社区治理新局面。各地区城乡社区治理，以基层党组织为根本抓手，以居民需求为导向，创新理念，探索出了许多好经验、好做法。如安徽省宿州市城市管理局通过“宿州城管服务超市”的建设运行，切实解决群众问题，打通服务老百姓的最后“一公里”，市民群众的获得感、幸福感显著增强。“宿州城管服务超市”运行以来，“共受理群众各类诉求 27934 件，办结 27770 件，办结率 99. 4%，取得了显著的阶段性成效，受到了广大人民群众的一致赞誉和社会舆论的高度评价”。① 2015 年荣获“安徽省信息化十件大事提名奖”。2016 年荣获全国创新社会治理最佳案例奖。先后被人民网、新华网、凤凰网、中国文明网、安徽法制网、中安在线、《安徽日报》、安徽广播电台等媒体报道。在总结各地经验的基础上，2017 年 6 月，中共中央、国务院印发《关于加强和完善城乡社区治理的意见》，从总体要求、目标任务和保障措施等方面，对城乡社区治理作了基本规范，为新形势下加强和完善城乡社区治理提供了根本遵循。

推进社会组织管理制度改革。大力培育发展社会组织，降低准入门槛，推动社区社会组织与社区建设、社会工作、志愿服务联动联建，促进资源共享、优势互补。2016 年 8 月，中共中央办公厅、国务院办公厅印发《关于改革社会组织管理制度促进社会组织健康有序发展的意见》，对党的十八大以来社会组织改革发展的成绩和经验进行了科学总结，并对新形势下我国社会组织的改革与发展作了总部署。社会组织管理制度改革持续推进，行业协会商会与行政机关

① 《宿州市：小超市　大民生》（2016 年 7 月 5 日），人民网，http://expo.people.com.cn/n1/2016/0705/c403808-28526594.html。

脱钩工作全面启动,社会公益和慈善事业健康发展。社会组织在基层社会治理中的作用进一步彰显,特别是在发展基层民主、化解社会矛盾、完善公共服务等方面,社会组织均有精彩表现。如2016年G20峰会在杭州召开期间,浙江省共有3.5万余个社会组织,组成230余万人的平安志愿者团队,为峰会的顺利召开作出特殊贡献。在浙江,大大小小的基层社会组织数不胜数。截至2016年10月,浙江共有11个市、90个县(市、区)建立起社会组织服务平台,社会组织充分参与到基层社会治理中,共建共享的良好局面正在形成。像"81890""96345"这样的服务热线已经遍布浙江全省。另据报道,杭州市江干区的130余个"和事佬"协会,每年化解基层矛盾纠纷2000件,调解成功率90%以上。①

大力发展社会服务。国家民政部先后出台《关于进一步加快推进民办社会工作服务机构发展的意见》《关于加强社会工作专业岗位开发与人才激励保障的意见》等综合性制度文件,还制定出台《儿童社会工作服务指南》《老年社会工作服务指南》《社区社会工作服务指南》《社会工作服务项目绩效评估指南》等规范标准性文件。截至2017年3月,"社会工作专业人才队伍总量达到76万人,其中持证社工28万多人;相关事业单位、群团组织、社区和社会组织社会工作专业岗位超过27万个,在城乡社区和相关事业单位设置社会工作服务站(科室、中心)13697个,民办社会工作服务机构达到5880家,广布城乡的社会工作服务网络正在形成。"②民

① 顾春:《浙江:让群众当社会治理主角》,《人民日报》2016年11月2日。

② 潘跃:《76万专业社工遍布城乡 社会工作服务民生传递温暖》,《人民日报》2017年3月23日。

政部还积极推广应用全国志愿服务信息系统，开展注册登记、项目发布和服务记录。截至2016年年底，“在全国志愿服务信息系统实名注册的志愿者人数超过2825万，志愿服务组织在册登记超过24万个”①。

有效强化应急管理，防灾减灾救灾工作取得重大成就，国家综合减灾能力明显提升。有效应对四川芦山地震、甘肃岷县漳县地震、云南鲁甸地震、黑龙江松花江嫩江流域洪涝、南方高温干旱以及“威马逊”超强台风等重特大自然灾害，最大限度保护了人民群众生命财产安全。如2016年，部分地区特别是长江流域发生严重洪涝等灾害时，党中央及时有力地开展了抢险救灾，紧急转移安置900多万人次，最大限度降低了灾害损失。2014年，国务院办公厅制定出台《特别重大自然灾害损失统计制度》，修订完善《救灾应急工作规程》。2016年，国务院办公厅又印发修订后的《国家自然灾害救助应急预案》以及《关于推进防灾减灾救灾体制机制改革的意见》，着力提升全社会抵御自然灾害的综合防范能力。此外，还有效应对人感染H7N9禽流感等疫情，做好事故灾难和社会安全事件的卫生应急救援。各地区不断健全应急处置机制，妥善应对和处置各类突发公共事件。如湖南省长沙市望城区，探索成立应急联动指挥中心。一方面，将20条政府热线化繁为简，“110”一个号码对外，简化群众诉求通道。另一方面，打破部门界限，整合应急、公安、司法、城管、民政、卫计、环保等多家单位的职能和资源，由应急联动指挥中心统一调度，实现应急力量的联动共融。“据测算，从情况反映录入系统到任

① 《我国实名注册志愿者超过2825万人　“十三五”时期占居民人口比例将提到13%》，《人民日报》2016年12月17日。

务‘派单’,只需约2分30秒。”①

（四）坚持总体国家安全观

国家安全是人民幸福安康的基本要求,是安邦定国的重要基石。2014年4月15日,在中央国家安全委员会第一次会议上,习近平总书记正式提出“总体国家安全观”这一战略思想。习近平总书记在讲话中指出,增强忧患意识,做到居安思危,是我们治党治国必须始终坚持的一个重大原则。我们党要巩固执政地位,要团结带领人民坚持和发展中国特色社会主义,保证国家安全是头等大事。我国国家安全内涵和外延比历史上任何时候都要丰富,时空领域比历史上任何时候都要宽广,内外因素比历史上任何时候都要复杂,必须坚持总体国家安全观,以人民安全为宗旨,以政治安全为根本,以经济安全为基础,以军事、文化、社会安全为保障,以促进国际安全为依托,走出一条中国特色国家安全道路。贯彻落实总体国家安全观,必须既重视外部安全,又重视内部安全,对内求发展、求变革、求稳定,建设平安中国,对外求和平、求合作、求共赢,建设和谐世界;既重视国土安全,又重视国民安全,坚持以民为本、以人为本,坚持国家安全一切为了人民、一切依靠人民,真正夯实国家安全的群众基础;既重视传统安全,又重视非传统安全,构建集政治安全、国土安全、军事安全、经济安全、文化安全、社会安全、科技安全、信息安全、生态安全、

① 颜珂:《长沙市望城区整合政府热线,打造应急联动指挥信息平台》,《人民日报》2017年2月15日。

资源安全、核安全等于一体的国家安全体系;既重视发展问题,又重视安全问题,发展是安全的基础,安全是发展的条件,富国才能强兵,强兵才能卫国;既重视自身安全,又重视共同安全,打造命运共同体,推动各方朝着互利互惠、共同安全的目标相向而行。

总体国家安全观的提出,既是国家安全理论的一个重大创新,也是国家治理体系和治理能力的创新。五年来,从成立中央国家安全委员会,到制定《中华人民共和国国家安全法》,再到明确国家安全战略方针和总体部署,国家安全工作稳步推进并取得显著成效。

不断健全公共安全体系,公共安全保障能力得以全面提升。针对人们普遍关注的农产品、食品、药品的安全问题,不断健全与完善安全监管体系。五年来。农产品质量安全监管体系不断完善,治理“餐桌污染”,保障人民群众“舌尖上的安全”取得重大进展。切实加强食品药品安全监管,用最严谨的标准、最严格的监管、最严厉的处罚、最严肃的问责,加快建立科学完善的食品药品安全治理体系,坚持产管并重,严把从农田到餐桌、从实验室到医院的每一道防线。坚持以防为主、防抗救相结合的方针,坚持常态减灾和非常态救灾相统一,全面提高全社会抵御自然灾害的综合防范能力。坚持以人为本、生命至上,全面抓好安全生产责任制和管理、防范、监督、检查、奖惩措施的落实,努力推动安全生产形势实现根本好转。坚持一手抓专项打击整治,一手抓源头性、基础性工作,创新社会治安防控体系,优化公共安全治理社会环境。拓展人民群众参与公共安全治理的有效途径,积极引导社会舆论和公众情绪,动员全社会力量来维护公共安全。

维护网络安全。习近平总书记指出:“没有网络安全就没有国家安全”①。2016 年 12 月,《国家网络空间安全战略》正式发布,这是指导国家网络安全工作的纲领性文件。2017 年 6 月,《中华人民共和国网络安全法》正式施行。这是我国第一部网络安全领域的法律,标志着我国的网络安全步入有法可依的新阶段。此外,不断加强网络空间治理,严厉打击电信网络诈骗犯罪,坚决遏制其高发势头。对于网络造谣、赌博、传播淫秽物品、泄露个人信息等犯罪行为,依法进行严厉打击。如 2014 年,依法审理网络推手“秦火火”“边民”等诽谤、寻衅滋事、非法经营案,切实维护网络秩序,净化网络空间。2015 年,各级法院审结利用网络实施的诈骗、寻衅滋事等犯罪案件共有 6221 件。2016 年,北京市人民法院审结“快播”公司传播淫秽物品牟利案,明确网络服务提供者安全管理义务,净化网络空间。同时,坚决打击电信网络诈骗等犯罪,各级法院审结相关案件 1726 件。

践行总体国家安全观,必须以人民安全为宗旨,既把人民安全作为维护国家安全的根本目的,也把人民群众作为维护国家安全的主体力量。坚决打击暴力恐怖活动,遏制严重刑事犯罪高发态势。数据显示,2013 年各级人民法院依法审结杀人、抢劫、绑架、爆炸、强奸、拐卖妇女儿童、黑社会性质组织犯罪等案件 25 万件,判处罪犯 32. 5 万人;2014 年审结杀人、抢劫、绑架等犯罪案件 24. 8 万件,判处罪犯 30. 4 万人;2015 年审结杀人、抢劫、放火等犯罪案件 26. 2 万件;2016 年,审结杀人、抢劫、绑架及盗窃等犯罪案件 22. 6 万件。

坚决打击恐怖主义。反恐怖斗争事关国家安全,党的十八大以来,坚持凡“恐”必打、露头就打,出重手、下重拳,给暴力恐怖势力以

① 《总体布局　统筹各方　创新发展　努力把我国建设成为网络强国》,《人民日报》2014 年 2 月 28 日。

毁灭性打击，坚决把暴力恐怖分子的嚣张气焰打下去，坚决挤压暴力恐怖活动空间，以震慑敌人、鼓舞人民。建立健全反恐工作格局，完善反恐工作体系，加强反恐力量建设，加强反恐国际合作，筑起铜墙铁壁，使暴力恐怖分子成为“过街老鼠、人人喊打”。同时，坚决遏制和打击境内外敌对势力利用民族问题、宗教问题进行的分裂、渗透、破坏活动。2015 年 12 月 27 日，第十二届全国人民代表大会常务委员会第十八次会议通过《中华人民共和国反恐怖主义法》，从总则到恐怖主义活动组织和人员的认定、安全防范、情报信息、调查、应对处置、国际合作、保障措施、法律责任等十个方面对反恐怖主义斗争作了全面系统的规范。反恐怖主义法的制定，是党和国家开展反恐怖主义斗争经验的总结和全面依法治国的重要实践，适应了反恐怖主义现实斗争的迫切要求，成为深入开展反恐怖主义斗争，维护国家安全、公共安全和人民生命财产安全的锐利武器。随后，全国很快组建了政治过硬、业务精湛、作风优良的反恐执法司法机构和反恐部队，并加强反恐国际合作，筑起反恐斗争的铜墙铁壁。

大力开展国家安全宣传教育。2015 年 7 月，十二届全国人大常委会第十五次会议审议通过国家安全法，将每年的 4 月 15 日定为全民国家安全教育日。近两年，以国家安全教育日为契机，全国各地组织开展了一系列宣传教育活动，加大对国家安全相关法律法规的宣传力度。

七、建设美丽中国

“美丽中国”是党的十八大提出的新概念,强调把生态文明建设放在突出地位,融入经济建设、政治建设、文化建设、社会建设各方面和全过程,并首次将生态文明建设作为“五位一体”总体布局的一个重要部分。党的十八大以来,习近平总书记就加强生态文明建设提出明确要求,强调要坚持节约资源和保护环境基本国策,努力走向社会主义生态文明新时代。① 十八届三中全会提出加快建立系统完整的生态文明制度体系;十八届四中全会要求用严格的法律制度保护生态环境;十八届五中全会提出“五大发展理念”,将绿色发展作为“十三五”乃至更长时期经济社会发展的一个重要理念,成为党关于生态文明建设、社会主义现代化建设规律性认识的最新成果。② 五年来,绿色发展理念深入人心,美丽中国建设逐步得到落实,并取得重要成就。

---

① 赵克志:《打造生态文明先行区,走向生态文明新时代》,《人民日报》2013 年 7 月 20 日。

② 刘毅:《绿色发展,走向生态文明新时代》,《人民日报》2016 年 2 月 16 日。

（一）绿水青山就是金山银山

五年来，习近平总书记多次强调绿色青山就是金山银山。2013年9月7日，习近平总书记在哈萨克斯坦纳扎尔巴耶夫大学发表演讲并回答学生们提出的问题，在谈到环境保护问题时，他指出："我们既要绿水青山，也要金山银山。宁要绿水青山，不要金山银山，而且绿水青山就是金山银山。"①这生动形象表达了党和政府大力推进生态文明建设的鲜明态度和坚定决心。2016年12月，习近平总书记对生态文明建设作出重要指示，强调要深化生态文明体制改革，尽快把生态文明制度的"四梁八柱"建立起来，把生态文明建设纳入制度化、法治化轨道。这些重要观点，为生态文明建设指明了方向。

良好生态环境是最普惠的民生福祉。建设生态文明是要以资源环境承载能力为基础，以自然规律为准则，以可持续发展、人与自然和谐为目标，建设生产发展、生活富裕、生态良好的文明社会；保护生态环境就是保护生产力。2013年5月25日，习近平总书记在中央政治局第六次集体学习时指出："要正确处理好经济发展同生态环境保护的关系，牢固树立保护生态环境就是保护生产力、改善生态环境就是发展生产力的理念"②。这一重要论述，深刻阐明了生态环境与生产力之间的关系，是对生产力理论的重大发展，饱含尊重自然、谋求人与自然和谐发展的价值理念和发展理念。只有更加重视生态环

① 《八、绿水青山就是金山银山》，《人民日报》2014年7月11日。

② 《坚持节约资源和保护环境基本国策　努力走向社会主义生态文明新时代》，《人民日报》2013年5月25日。

境这一生产力的要素，更加尊重自然生态的发展规律，保护和利用好生态环境，才能更好地发展生产力，在更高层次上实现人与自然的和谐。

环境治理是一个系统工程，必须作为重大民生实事紧紧抓在手上。要按照系统工程的思路，抓好生态文明建设重点任务的落实，切实把能源资源保障好，把环境污染治理好，把生态环境建设好，为人民群众创造良好生产生活环境。首先要牢固树立生态红线的观念。生态红线，就是国家生态安全的底线和生命线，这个红线不能突破，一旦突破必将危及生态安全、人民生产生活和国家可持续发展。其次要优化国土空间开发格局，加快实施主体功能区战略，严格实施环境功能区划，构建科学合理的城镇化推进格局、农业发展格局、生态安全格局，保障国家和区域生态安全，提高生态服务功能。再次要全面促进资源节约。大部分对生态环境造成破坏的原因是来自对资源的过度开发、粗放型使用，建设生态文明必须从资源使用这个源头抓起，把节约资源作为根本之策。最后要加大生态环境保护力度。实施重大生态修复工程，增强生态产品生产能力，推进荒漠化、石漠化综合治理，扩大湖泊、湿地面积，保护生物多样性，提高适应气候变化能力。

“十三五”时期是全面建成小康社会的决胜阶段，生态环境保护机遇与挑战并存。中国将深入持久推进生态文明建设，加快形成人与自然和谐发展的现代化建设新格局，确保2020年生态环境质量总体改善，为全球生态安全作出新贡献。一是结合推进供给侧结构性改革，把绿色发展理念贯穿到经济社会发展各个领域各个环节。二是加强生态环境保护和治理，着力解决生态环境方面的突出问题。

三是加强生态环境保护督察问责，建立领导干部任期生态文明建设责任制，实行终身追责，为推进生态文明建设提供有力保障。四是加快推进生态文明体制改革，构建生态文明制度的"四梁八柱"，把生态文明建设纳入制度化法治化轨道，通过制度来守住绿水青山。五是扩大环境保护国际合作，积极参与应对全球气候变化，推进绿色"一带一路"建设，构建南南环境合作网络，共同推进全球生态文明建设事业。①

中国关于生态文明建设的主张，逐步得到国际社会的认可。2013年2月，联合国环境规划署第27次理事会将来自中国的生态文明理念正式写入决议案。3年后的2016年5月，联合国环境规划署发布《绿水青山就是金山银山：中国生态文明战略与行动》报告。中国的生态文明建设，被认为是对可持续发展理念的有益探索和具体实践，为其他国家应对类似的经济、环境和社会挑战提供了经验借鉴。2017年年初，联合国环境规划署执行主任埃里克·索尔海姆指出："在全球环境日益恶化的当下，我们每一个人都深受其害。许多国家已经奋起迎接挑战，而在这一过程中，中国等国家的领导力至关重要。"同时，在国际舞台上，中国政府积极签署并批准诸多重要环境协定，为其他国家做出表率。2016年年初，中国政府批准《名古屋议定书》，助力生物多样性的保护；同年8月，中国政府批准《水俣公约》，旨在预防有害工业汞污染物引起的新生儿生理缺陷与疾病；同年10月，中国政府在《蒙特利尔议定书》缔约方大会上发挥建设性引领作用，推动全球通过《基加利修正案》，就遏制空调与冰箱中的

① 《坚持绿水青山就是金山银山，大力提升生态文明建设水平》，《人民日报》2016年12月9日。

强效温室气体氢氟碳化物达成一致。①

（二）加快建立系统完整的生态文明制度体系

多年来经济快速发展及其部分领域和区域的盲目开发、无序开发、过度开发，使得我国目前资源约束趋紧、环境污染严重、生态系统退化的形势依然十分严峻，已经成为制约经济持续健康发展的重大矛盾、人民生活质量提高的重大障碍、中华民族永续发展的重大隐患，生态产品成为当今中国最短缺的产品，生态差距成为我国最大的发展差距。而改革不到位、体制不完善、机制不健全，则成为我国生态环境未能得到显著改善的深层面制度原因。② 对此，习近平总书记强调："保护生态环境必须依靠制度、依靠法治。"③

党的十八届三中全会通过的《中共中央关于全面深化改革若干重大问题的决定》首次明确要建立生态文明制度体系，从源头、过程、后果的全过程，按照"源头严防、过程严管、后果严惩"的思路，阐述了生态文明制度体系的构成及其改革方向、重点任务。生态文明制度是人类社会在长期与大自然相处过程中形成的理念、政策、做法。生态文明制度的层次和水平标志着人类治理艺术和技巧的成熟程度，它关系到全人类、全社会、各民族和各国家整体利益的实现状

① 《十八大以来以习近平同志为核心的党中央推动生态文明建设述评》，《光明日报》2017 年 6 月 16 日。

② 杨伟民：《建立系统完整的生态文明制度体系》，《光明日报》2013 年 11 月 23 日。

③ 《在十八届中央政治局第六次集体学习时的讲话》，中共中央文献研究室编：《习近平关于全面深化改革论述摘编》，中央文献出版社 2014 年版，第 104 页。

况和政权运作是否科学和稳定。确立生态文明制度建设在国家治理体系中的定位,有助于明确生态文明制度建设的目标和内容。生态文明制度建设的目标是构建有利于环境保护、资源节约、人与自然和谐关系的系统性、完整性、科学性的制度体系,为环保政策、资源政策的落实提供坚实保障,形成全社会共建生态文明的完善性、稳固性、持续性的行为模式。生态文明制度建设的主要内容包括制度的建立和完善、制度的落实和执行、有关行为的激励和惩罚,以及预期的形成和定性。①

尽管我国已经基本建立了社会主义市场经济体制,但还没有建立起体现生态文明理念和原则的社会主义市场经济体制。虽然已经建立了不少生态环境保护方面的制度,但不系统、不完整。源头上,没有建立起有效防范的制度。过程中,没有建立起严密监管的制度。环境保护的制度不少,但在环境保护中居核心地位的污染物排污许可制和企事业单位污染物排放总量控制制度还很不健全。后果上,没有建立起严厉的责任追究和赔偿制度。对那些不顾生态环境盲目决策、造成严重后果的领导,没有应有的追责。②

生态文明建设的法律、法规不断健全。2015 年 1 月 1 日开始实施的新环保法,首次引入生态文明建设和可持续发展的立法理念,完善了环境监测、环境影响评价、跨行政区污染防治、排污许可管理、划定生态保护红线等环境管理制度,强化了政府管理部门的职责,通过

① 中国行政管理学会环境保护部宣传教育司联合课题组:《如何建立系统完整的生态文明制度体系?》,《中国环境报》2014 年 10 月 10 日。

② 杨伟民:《建立系统完整的生态文明制度体系》,《光明日报》2013 年 11 月 23 日。

新增按日处罚机制和行政拘留等处罚手段,大大加重了违法处罚的力度;2015 年 9 月,中共中央、国务院印发《生态文明体制改革总体方案》,明确提出,到 2020 年构建起由自然资源资产产权制度、国土空间开发保护制度、空间规划体系、资源总量管理和全面节约制度、资源有偿使用和生态补偿制度、环境治理体系、环境治理和生态保护市场体系、生态文明绩效评价考核和责任追究制度等八项制度构成的生态文明制度体系,推进生态文明领域国家治理体系和治理能力现代化,努力走向社会主义生态文明新时代。此后相继实施《大气污染防治行动计划》《水污染防治行动计划》《土壤污染防治行动计划》等。在完善环保制度方面,区域联防联控机制日臻完善,京津冀、长三角、珠三角等重点区域建立了区域大气污染协作机制,水污染防治协作机制正在建立中。同时,排污权有偿使用和交易稳步铺开,绿色信贷信息共享机制逐步健全,环保费改税稳步推进,环境污染强制责任保险试点反响良好。①

(三)严密法治重拳出击

习近平总书记强调:“只有实行最严格的制度、最严密的法治,才能为生态文明建设提供可靠保障。”②建设生态文明,铁腕治理、严格执法不可或缺。对于破坏生态环境的行为,必须坚持严厉打击、提

① 曹红艳:《我国生态环境保护取得明显成效》,《经济日报》2015 年 10 月 10 日。

② 中共中央文献研究室编:《习近平关于全面深化改革论述摘编》,中央文献出版社 2014 年版,第 104 页。

升违法成本,做到“不能手软,不能下不为例”。要对偷排偷放者出重拳,让其付出沉重代价;对姑息纵容渎职者严肃问责,使其受到应有处罚;对监管者执法者用环境当“寻租筹码”的贪腐行为,更要以法律手段严厉打击。污染环境、破坏生态,不仅在经济上得不偿失,而且可能被定罪判刑。2013 年 6 月,《最高人民法院、最高人民检察院关于办理环境污染刑事案件适用法律若干问题的解释》实施,对环境污染犯罪的定罪量刑标准作出新规定,加大了打击力度。①

一系列法律、法规、政策、措施陆续发布实施,为绿色发展“保驾护航”。2015 年 4 月 25 日,《中共中央国务院关于加快推进生态文明建设的意见》明确提出,要加强法律监督、行政监察,对各类环境违法违规行为实行“零容忍”,加大查处力度,严厉惩处违法违规行为。强化对浪费能源资源、违法排污、破坏生态环境等行为的执法监察和专项督察。资源环境监管机构独立开展行政执法,禁止领导干部违法违规干预执法活动。健全行政执法与刑事司法的衔接机制,加强基层执法队伍、环境应急处置救援队伍建设。强化对资源开发和交通建设、旅游开发等活动的生态环境监管。② 2015 年 9 月,《生态文明体制改革总体方案》印发,明确提出到 2020 年,构建以改善环境质量为导向,监管统一、执法严明、多方参与的环境治理体系,着力解决污染防治能力弱、监管职能交叉、权责不一致、违法成本过低等问题。③

---

① 刘毅:《水碧天蓝　朗润山川》,《人民日报》2015 年 1 月 9 日。

② 《中共中央国务院关于加快推进生态文明建设的意见》,《人民日报》2015 年 5 月 6 日。

③ 刘毅:《绿色发展,走向生态文明新时代》,《人民日报》2016 年 2 月 16 日。

2015年元旦开始实施的新环保法，被誉为“史上最严”。“公益诉讼”“按日计罚”“查封扣押”等撒手锏成为沉重打击环境违法者的有力武器。新《环保法》实施以来，环境保护主管部门执法监管能力大幅提升，基本扭转了法律实施偏软局面。截至2016年年底，全国专门的环境资源审判组织达到559个，2014年至2016年，人民法院审理环境资源案件超过30万件，为2002—2011年十年间环境资源案件总数的2.5倍。仅2016年一年，全国法院受理环境资源民事行政案件就达13.3万起，超过了2002—2011年十年间环境资源案件总和。两年间，各地对环境犯罪的严厉打击，使得2016年的环境犯罪案件迅速下降，2016年的环境犯罪案件数比2015年下降了75%，充分显示了公安参与打击环境犯罪的威慑作用。近两年，有些地方的公安机关正在趋向于组建专门的环境警察队伍。云南、广东、河北、山东、安徽的一些地区已经有了专门的环境警察队伍。

2015年7月1日，中央深改组第十四次会议审议通过《环境保护督察方案（试行）》《关于开展领导干部自然资源资产离任审计的试点方案》《党政领导干部生态环境损害责任追究办法（试行）》。会议指出，要把环境问题突出、重大环境事件频发、环境保护责任落实不力的地方作为先期督察对象，近期要把大气、水、土壤污染防治和推进生态文明建设作为重中之重，重点督察贯彻党中央决策部署、解决突出环境问题、落实环境保护主体责任的情况。要强化环境保护“党政同责”和“一岗双责”的要求，对问题突出的地方追究有关单位和个人责任。要围绕影响生态环境监测网络建设的突出问题，强化监测质量监管，落实政府、企业、社会的责任和权利。要坚持依法依规、客观公正、科学认定、权责一致、终身追究的原则,围绕落实严守资源消耗上限、环境质量底线、生态保护红线的要求,针对决策、执行、监管中的责任,明确各级领导干部责任追究情形。对造成生态环境损害负有责任的领导干部,不论是否已调离、提拔或者退休,都必须严肃追责。

2016 年元旦,修订通过的《大气污染防治法》开始施行,严惩环境违法行为,重点打击偷排、偷放等环境影响大、群众反映强烈的恶意违法排污行为,集中整治篡改和伪造监测数据等弄虚作假行为。2016 年 9 月,中共中央办公厅、国务院办公厅印发《关于省以下环保机构监测监察执法垂直管理制度改革试点工作的指导意见》。从"督企业"到"督政府",综合督察及环保约谈推动各地加强环境治理,严格环境执法,加大监管力度,一批突出的环境问题得到解决,一些地区的环境质量得以改善。①

围绕生态环保展开的执法督察越来越严格。"两高"司法解释降低环境入罪门槛、最高人民法院成立环境资源审判庭;中央环保督察启动、省以下环保机构监测监察执法垂直管理制度改革开始试点;建成由 352 个监控中心、10257 个国家重点监控企业组成的污染源监控体系,强化在线实时监控效果。2016 年,全国各级环保部门下达行政处罚决定 12.4 万余份,罚款 66.3 亿元;全国实施按日连续处罚、查封扣押、限产停产、移送行政拘留、移送涉嫌环境污染犯罪案件共 22730 件;中央环保督察组全年共进驻 16 个省份,分别展开为期约一个月的督察工作。合计受理群众举报 3.3 万件,约谈 6307 人,

① 刘毅:《绿色发展,走向生态文明新时代》,《人民日报》2016 年 2 月 16 日。

问责6454人。[①]

（四）治污攻坚初见成效

党中央、国务院把生态文明建设和环境保护摆上更加重要的战略位置，作出一系列重大决策部署，以大气、水、土壤污染治理为重点，坚决向污染宣战，环境保护、治污攻坚取得积极进展。[②] 被称为“气十条”和“水十条”的《大气污染防治行动计划》《水污染防治行动计划》先后发布实施，各有十个方面35项具体措施，为打赢治污攻坚战提供了充沛“弹药”和真金白银。

实施《大气污染防治行动计划》，在京津冀、长三角和珠三角等重点区域，建立健全区域联防联控协作机制。建成发展中国家最大的环境空气质量监测网，全国338个地级以上城市全部具备$PM_{2.5}$等6项指标监测能力。各地多措并举防治大气污染，提升了“气质”，减轻了公众的“心肺之患”。2016年我国重点区域污染物浓度持续改善，颗粒物的年均浓度持续下降。2016年，全国PM_{10}平均浓度同比下降5.7%，比2013年下降15.5%；京津冀、长三角、珠三角三个重点区域$PM_{2.5}$平均浓度分别同比下降了7.8%、13.2%和5.9%，和2013年相比下降幅度都超过了30%，都超过“大气十条”的最严格要求（25%下降幅度）。珠三角区域$PM_{2.5}$平均浓度连续两年达到

① 《十八大以来以习近平同志为核心的党中央推动生态文明建设述评》，《光明日报》2017年6月16日。

② 《2015中国环境状况公报》，中华人民共和国环保部网站，http://www.zhb.gov.cn/gkml/hbb/qt/201606/t20160602_353138.htm。

了国家二级标准,也就是35微克/立方米。优良天数的比例继续增加,2016年全国地级以上的城市,优良天数比例是78.8%,同比提高了2.1个百分点。重污染天数继续下降,2016年全国74个重点城市重度及以上的污染天数比例为3%,这个数字比2013年降低了5.7个百分点,其中京津冀区域2016年重污染天数的比例是9.2%,这个数字比2013年降低了11.5个百分点。国家酸雨的面积继续下降,截止到2016年,全国酸雨面积继续减少5个百分点,目前占到国土面积的7.1%,这个数字已经恢复到20世纪90年代的水平。①

2016年,重拳治理大气雾霾和水污染是4项约束性指标超额完成的保证。"大气十条"继续深入实施,各项重点工程进展顺利。加快燃煤电厂超低排放改造,全国燃煤机组累计完成超低排放改造4.25亿千瓦,占煤电总装机容量的47%。其中,河北、河南等省基本完成改造任务。推动石化、化工行业挥发性有机物排放治理,进一步明确水泥错峰生产措施,散煤替代、燃煤小锅炉淘汰、工业企业提标改造等治理任务加快推进。京津冀地区共计完成80万户散煤替代工作,削减散煤消耗约170万吨。全国累计淘汰黄标车和老旧车404.58万辆,完成全年淘汰任务的106.5%。②

《水污染防治行动计划》发布后,各地以水环境质量考核为抓手,突出重点流域、城市黑臭水体治理。一些地方一度不能洗涤、不能灌溉的河流,水质改善,恢复生机。③ 实施《重点流域水污染防治

① 《2016年全国大气污染治理取得积极成效》,人民网,http://env.people.com.cn/n1/2017/0223/c1010-29103160.html。

② 曹红艳:《环境保护持续加力》,《经济日报》2017年2月28日。

③ 刘毅:《绿色发展,走向生态文明新时代》,《人民日报》2016年2月16日。

规划》,加强饮用水水源地和水质较好湖泊生态环境保护。全国地表水国控断面劣V类比例下降6.8个百分点,大江大河干流水质稳步改善。① 2016年,“水十条”实施进入新的阶段。长江经济带开展饮用水水源地环保执法专项行动,完成11省市126个地级以上城市全部319个集中式饮用水水源保护区划定,排查发现的399个问题一半以上完成清理整治。开展城市黑臭水体排查,建立整治监管平台。截至2016年11月,排查确认的2014个黑臭水体中,13.3%已完成整治工作,32.5%正在进行整治。②

---

① 《2015中国环境状况公报》,中华人民共和国环保部网站,http://www.zhb.gov.cn/gkml/hbb/qt/201606/t20160602_353138.htm。

② 曹红艳:《环境保护持续加力》,《经济日报》2017年2月28日。

八、建设一支听党指挥能打胜仗作风优良的人民军队

伴随着我国国际地位的提升，国家安全的问题就显得越来越重要，国防安全的任务也变得越来越艰巨。2013 年 3 月，在十二届全国人大一次会议解放军代表团全体会议上，习近平总书记明确提出："建设一支听党指挥、能打胜仗、作风优良的人民军队，是党在新形势下的强军目标"①。这三者中，听党指挥是灵魂，决定军队政治建设的方向；能打胜仗是核心，反映军队的根本职能和军队建设的根本指向；作风优良是保证，关系军队的性质、宗旨和本色。五年来，习近平总书记高度关注国防安全和军队建设，进行了一系列重大决策部署，对党的军事理论有了新发展，在强军道路上又迈出了坚实的一步。

（一）加强和改进新形势下军队政治工作

重视军队的思想政治工作，是中国共产党建军历史上的优良传

① 中共中央文献研究室编：《习近平关于全面深化改革论述摘编》，中央文献出版社 2014 年版，第 104 页。

统。从三湾改编开始，党就提出要把支部建在连上，确立了党指挥枪的基本原则。1929年12月，毛泽东主持起草的《古田会议决议》针对当时党内存在单纯军事观点、极端民主化、非组织意识、绝对平均主义等错误思想，确定了思想上建党、政治上建军的基本原则，提出“军事只是完成政治任务的工具之一”“红军是一个执行革命的政治任务的武装集团”的重要观点。注重政治工作，使得人民军队始终保持了强大的凝聚力和战斗力。抗日战争时期，八路军始终保持昂扬的斗志，即使被敌人打散也能很快收拢起来，“道理很简单，因为我们的军队每个连都有共产党支部。”①在朝鲜战场上，美国人称“在战场中从来没发现一支健全的中国军队陷入解体。不管这支军队损失如何严重，只要党组织还保持完好，他们就有抵御能力。”②在人民军队发展的历史上，为什么没有一支成建制的军队被敌人拉过去，也没有任何一支军队被个人所操纵，根源就在于人民军队从来都是听党指挥而不是听哪个人的。特别是在长期的实践中，我军政治工作也形成了一整套优良传统：党指挥枪的根本原则，坚持全心全意为人民服务的根本宗旨，坚持实事求是的思想路线，坚持群众路线的根本作风，坚持用科学理论武装官兵，坚持实行自觉的严格的纪律，坚持艰苦奋斗、牺牲奉献的革命精神，等等。这些优良传统直到今天依然值得倍加珍惜、始终坚持，不断发展。③

毋庸讳言，由于复杂的社会历史原因，特别是时代背景发生的深

---

① 《宋任穷回忆录》，解放军出版社1994年版，第130—131页。

② 参见[美]詹姆斯·F.施纳贝尔：《朝鲜战争中的美国陆军》（第1卷），国防大学出版社1988年版。

③ 《全军政治工作会议在古田召开》，《人民日报》2014年11月2日。

刻变化,军队政治工作在新形势下面临着一些新情况,出现了一些新问题。社会主义市场经济条件下人们的价值观日益多元,特别是意识形态领域的斗争日趋复杂。比如近些年来有部分人在鼓吹的“军队国家化”“非党化、非政治化”,其目的是想取消党对军队的领导;伴随着市场经济的深入发展,商品交换的原则也扩散到了党内军内,军队内部存在这样那样的腐败问题;官兵成分结构发生了重大变化,一些年轻的官兵对马克思主义理论学习有所欠缺,对党在历史上的优良传统了解不够,对军队政治工作的地位认识不够,种种存在的问题都亟待加以解决。

历史总是在演进中发展,事业总是在接力中前行。2014 年 10 月,习近平总书记在古田主持召开全军政治工作会议并发表重要讲话,再次强调了军队政治工作的极端重要性,提出在新形势下我军政治工作只能够加强而不能够削弱,只能够前进而不能够停滞,只能够积极作为而不能够被动应对。同时明确提出军队政治工作的时代主题是要紧紧围绕中华民族伟大复兴的中国梦,为实现党在新形势下的强军目标提供政治保证。

为应对新形势下国内外形势发生的深刻变化,习近平总书记提出改进军队政治工作最重要的就是要把四个带有根本性的东西树立起来,即:把理想信念在全军牢固树立起来,各级官员要做有灵魂、有本事、有血性、有品德的“四有军人”;把党性原则在全军牢固树立起来;把战斗力标准在全军牢固树立起来;把政治工作威信在全军牢固树立起来。同时明确了做好新型政治工作需要加强的五个要求:一是着力抓好筑牢军魂工作,坚持党对军队的绝对领导;二是抓好中高层干部的管理,树立好选人用人的基本标准;三是抓好作风建设的反对腐败斗争;四是抓好战斗培育精神;五是着力抓好政治工作的创新发展。①

全军上下积极贯彻落实习近平总书记关于加强军队政治工作的指示。2015 年 1 月 7 日,总政治部印发《二〇一五年全军主题教育活动和专题教育整顿的意见》,要求在全军广泛开展"学习践行强军目标,做新一代革命军人"主题教育活动,同时在团以上党委机关深入开展"三严三实"专题教育整顿。在 2015 年 1 月 30 日,即农历新年来临之际,中共中央向全党全军转发《关于新形势下军队政治工作若干问题的决定》。中央军委制定《贯彻落实全军政治工作会议精神总体部署方案》,细化分解 110 项具体任务,向全军下达了落实政治建军方略的总规划、任务书。建立贯彻落实古田全军政治工作会议精神协调督导工作机制、成立领导小组,从全局层面加强统筹、协调和督导。②

党对军队绝对领导的制度体系已经形成。中国特色的军事制度和西方军事制度的根本性区别,就在于形成了一套党对军队绝对领导的体系,包括坚持军队的领导权和最高指挥权都隶属于党中央和中央军委,实行党委制、政治委员制和政治机关制,实行集体领导下的军队负责制。无论时代条件发生了什么样的变化,这些根本性体制必须坚持,同时要探索创新党对军队绝对领导的体制。③ 原有的

---

① 中共中央文献研究室编:《十八大以来重要文献选编》中,中央文献出版社 2016 年版,第 193—207 页。

② 《在中国特色强军之路上阔步前行(治国理政新实践)——党的十八大以来习近平总书记和中央军委推进强军兴军纪实》,《人民日报》2016 年 3 月 1 日。

③ 《〈关于新形势下军队政治工作若干问题的决定〉要点释义》,《解放军报》2015 年 2 月 9 日。

总部、军区领导指挥体制,集决策、执行与监督职能为一体,运行中也存在这样那样的弊端,不利于加强中央军委的集中统一领导,要进一步强化军委主席的负责制,确保军队的一切行动听党指挥。

军队政治工作信息化水平不断提高。政治工作过不了网络关就过不了时代关。信息化是当今时代的主要特征,军队政治工作只有紧密同信息化结合起来,才能用“数据链”加固“生命线”,用“信息力”固化“生命力”。各级部队充分运用大数据和新媒体,构建部队、社会、家庭“三位一体”的思想政治工作网络,健全新闻发言人制度,积极利用微博、微信等舆论平台做好宣传工作,开展图文声光影多维感知的“视觉政工”;“慕课”“微课”“手机课堂”广受欢迎,广大官兵自觉运用新媒体来加强自身的理论修养,政治意识不断提高。

（二）全面实施改革强军战略

富国与强军,是坚持和发展中国特色社会主义的两个重要基石。中华民族伟大复兴的中国梦,蕴含着军队和国防建设的强军梦。2012 年 12 月 10 日,在同驻广州部队师以上领导干部合影后的即席讲话中,习近平总书记指出:“强国梦,对军队来说,就是强军梦。所以,我们要实现中华民族伟大复兴,一定要继续积极努力,坚持富国与强军相统一,建设巩固国防和强大军队。”①

人民军队发展的历史,就是一部改革强军的历史。为实现新形势下强军战略和目标,必须全面深化改革。人民军队之所以能够不

① 习近平:《在广州战区考察工作时的讲话》,《人民日报》2012 年 12 月 13 日。

断发展壮大，与不断进行自我革新有着密切的关系。但无论是过去的百万大裁军，还是军队编制体制的调整与改革，很大程度还是着眼于传统机械化战争观念进行的局部调适。当前我国的军事水平虽然有了较大提高，但军队现代化水平与国家安全需求相比差距很大，与世界先进水平相比差距很大，打现代化战争的能力不够、各级干部指挥现代化战争的能力不够。从全球的视角审视，世界新军事革命浪潮风起云涌，各主要发达国家都在积极推动军事变革，美国总结了几次局部战争的经验教训实行了军队的“二次转型”，俄罗斯也不断推进军队的职业化、常备化的发展；国际国内形势都要求必须推行改革强军的战略。习近平总书记强调：“当前，世界主要国家都在加快推进军队改革，谋求军事优势地位的国际竞争加剧。在这场世界新军事革命的大潮中，谁思想保守、固步自封，谁就会错失宝贵机遇，陷于战略被动。我们必须到中流击水。军事上的落后一旦形成，对国家安全的影响将是致命的。”①

党的十八届三中全会通过的《中共中央关于全面深化改革若干重大问题的决定》，把国防和军队的改革纳入全面深化改革重要内容，并作出许多重大部署。第一，深化军队体制编制调整改革。在领导体制方面，优化军队总部领导机关职能配置和机构设置，完善各军兵种领导管理体制，健全军委联合作战指挥机构和战区联合作战指挥体制，推动联合作战训练和保障体制改革。在军队构成上，改善各军种比例、官兵比例、部队与机关比例，减少非战斗机构和人员，构建军队院校教育、部队训练实践、军事职业教育三位一体的新型军事人

① 中共中央文献研究室编：《习近平关于全面深化改革的论述摘编》，中央文献出版社 2014 年版，第 118 页。

才培养体系;第二,推动军队政策制度调整改革,建立军官职业化制度,规范文职人员制度,健全军费管理制度,健全军事法规制度体系;第三,推动军民融合深度发展。健全国防工业体系,完善国防科技协同创新体制,健全国防动员体制机制,深化民兵预备役体制改革。① 正如习近平总书记所说,"国防和军队改革作为单独一部分写进全会决定,这在全会历史上是第一次,充分体现了党中央对深化国防和军队改革的高度重视。"②

全面深化改革永远在路上,强军战略也不断在深化发展。强军战略树立的目标,是要在2020年在领导体制、联合作战体制方面取得重大进展,在优化规模结构、完善政策制度、推动军民融合发展方面取得重要成果,努力构建能打赢信息化战争、有效履行使命的中国特色现代军事领导力量。

欲治兵者,必先选将。深化干部政策的调整机制,特别是对现有军官制度进行调整和改革,要建立军衔主导的军官等级制度,聚焦专业能力提升的培训交流制度,体现军事职业特点的待遇保障制度;提高人才使用效益的军官安排制度,同时对军官的职业分类等进行相应的调整。从2013年开始,中央军委集中对军队和武警系统军级以上干部进行相应的考核,制定了《深化军队干部制度调整改革规划》,在选人用人方面更加严格,更加公平。

推动军民融合的发展战略。党和国家历来注重经济建设和国防

---

① 中共中央文献研究室编:《十八大以来重要文献选编》(上),中央文献出版社2014年版,第542—544页。

② 中共中央文献研究室编:《习近平关于全面深化改革论述摘编》,中共中央文献研究室2014年版,第116页。

建设的协调发展。党中央把军民融合上升为国家战略的高度来抓，并且纳入到了“四个全面”的战略布局中去。2017 年 1 月 22 日，中共中央政治局召开会议，决定设立中央军民融合发展委员会，由习近平总书记任主任，中央政治局常委李克强、刘云山、张高丽为副主任。中央军民融合发展委员会是中央层面军民融合发展重大问题的决策和议事协调机构，统一领导军民融合深度发展，向中央政治局、中央政治局常务委员会负责。2016 年 7 月，中央军委印发《关于经济建设和国防建设融合的意见》。明确要求在整体布局上，形成在基础领域资源共享体系、先进国防工业体系、军民科技协同创新体系、军事人才培养体系、军队保障社会化体系和国防动员体系。在国防建设中，引导优秀的民营企业进入到武器生产中来；在教育资源方面，依托国民教育为军队培养大量军事人才；在基础设施建设方面，统筹交通基础设施建设，优化空域结构，军队保障社会化体系等各方面不断取得新进展，建立中国特色的国防工业体系，进一步打破行业壁垒，社会资本开始参与到国防产业的发展中来。

军民融合三大领域出现了重大突破。首先在军转民方面，原来用于军事斗争需要的北斗导航卫星开始运用到民用领域。2015 年，中国国内卫星导航总产值已达 1900 亿元，其中北斗系统贡献率约为 30%。预计到 2020 年，北斗卫星的产值可能会占到国内卫星产业贡献率的 60%；民参军也产生了巨大的效益，在国内大型飞机的开发过程中，国内 22 个省市，200 多家企业和 36 所高校投入到了 C919 飞机的研制，极大促进了国防工业的发展；最后，军民携手，我国的造船业也有了突飞猛进的发展，民营造船厂和军用造船厂充分发挥比较优势，不断降低成本，提高效益。

在实施一系列强军战略后,中国人民解放军的战斗力不断提高,根据2015年瑞士日内瓦国际军控及裁军组织发布的排名,中国位居世界第三;根据俄罗斯卫星网2016年的报道,每年公布全球军力指数的全球战力排名(GFP)的专家认为,中国和美国、俄罗斯一道在世界大国军力排行榜居于前三名的地位。

(三) 推进依法治军、从严治军

法者,治之端也。一个现代化的国家必然是法治国家,一支现代化的军队也必然是法治军队。刑起于兵,师出以律。《孙子兵法》中就提出"善用兵者,修道而保法,故能为胜败之政。"纵观古今中外的历史,一支战斗力强大的军队必然是讲法治、守纪律的。甲午战争中装备优良的北洋海军之所以惨败于日本军队,纪律涣散是重要的原因之一。人民军队在革命、建设和改革的各个时期,始终坚持以严明的纪律、严格的法规来整肃军队,在高唱"三大纪律、八项注意"中走向辉煌。

在军队现代化、国防信息化的时代背景下,军队的结构日益复杂,作战方式愈发多样,新时代的战争不能仅仅依靠单兵种的对抗,而需要各种作战单元、作战要素综合基础之上的协作,这就更需要依靠统一的法律法规、严明的纪律整合军队的战斗力,推动依法治军、从严治军的任务需要进一步加强而不是削弱。十八届四中全会通过的《中共中央关于全面推进依法治国若干重大问题的决定》,把依法治军从严治军纳入到全面依法治国、推进国家治理体系和治理能力现代化的任务中。

军队工作法治化不断迈上新台阶。首先,注重顶层设计,建章立制,绘制全面依法治军的路线图。组建新的军委政法委,改革军队的司法领导体制,按照区域分门别类设置军队检察院和军队法院,从机构设置上为依法治军奠定了基础;其次,颁布制定多项军内法规。《军队党组织发展党员工作规定》《军队领导干部秘书管理规定》《作战部队指挥军官任职资格规定》《重大军事活动保密规定》《军队审计条例》等一系列法规制度相继出台,聚焦战斗力、服务战斗力、保障战斗力,打出了依法治军从严治军的组合拳。特别是习近平总书记主持起草的《关于新形势下深入推进依法治军从严治军的决定》,更是把依法治军上升为新形势下军队发展的一项基本方略;最后,在军内培养法治文化,加强对军队的法治信仰和法治思维的培育,紧紧抓住领导干部这个"关键少数",提高用法治思维办事的能力,各级官员都按照法律的要求想问题办事情。

党内不允许有腐败分子的藏身之地,军队是拿枪杆子的,更不允许腐败分子在军队内部存在。从严治军就要重拳出击、遏制军队的腐败。从严坚决查处郭伯雄、徐才厚案件,强调军队反腐没有指标,上不封顶,彰显了中央"有贪必反、有腐必肃"的决心。为加强对军队反腐工作的领导,中央军委采取单独派驻和综合派驻的方式,向军委各主要机关和各大战区先后派出10余个纪检组,构建起严密的权利监督和制约的科学体系。中央军委采取一系列举措,从彻底清除"灰色收入",军队子女学校移交地方或停办,到依法加强空余房地产租赁管理,积极稳妥推进部队全面停止有偿服务工作,军队风气不断在好转。2015年3月,中央军委纪委通过军队媒体集中公布了14名军级以上干部重大案件情况信息,引发全军全社会强烈反响。截至 2015 年 12 月，军队有 2355 名团级以上党员干部受到查处，其中师级以上 790 人；仅仅在 2015 年这一年，全军就退回不合理住房 9000 余套，违规车辆 12000 余台；2016 年，全军纪检监察机关就立案调查 445 件、给予纪律处分 4885 人。军队作风建设清风劲吹，军车开“霸王车”“闯红灯”的少了，出入高档会所、豪华饭店的现象基本绝迹。

不仅如此，从严治军还逐渐向基层延伸。2016 年 10 月，军委纪委向全军通报了 10 起典型的违纪案例，有的是因为下属喝酒被处分，有的是因为违规报销而被通报，这些在很多人眼中的“小事情”成为了“大问题”，充分展现了从严治军永远在路上的坚定决心。

（四）围绕“能打仗、打胜仗”深化军事斗争准备

“天下之患，最不可为者，名为治平无事，而其实有不测之忧。坐观其变而不为之所，则恐至于不可救。”当今世界格局呈现出两重矛盾的局面：一方面，和平和发展已经成为当今世界的主题，求合作谋发展逐渐成为许多国家的共识；另一方面，“世界仍很不太平，战争的达摩克利斯之剑依然悬在人类头上。”①第二次世界大战结束以后，世界上虽然没有爆发大规模战争，但小规模的局部战争却多达数百次。伴随着长期的和平年代，一部分官兵思想上也产生了种种困惑，思想上的马放南山，比现实中的刀枪入库更让人担忧。带兵打仗、练兵打仗的思想在一些官兵的脑海中有所淡化。

① 习近平：《在庆祝中国人民抗日战争胜利暨世界反法西斯战争胜利 70 周年阅兵式上的讲话》，《人民日报》2015 年 9 月 4 日。

习近平总书记未雨绸缪,以宏阔的战略视野告诫要高度警惕国家被侵略、被颠覆、被分裂的危险,高度警惕改革发展稳定大局被破坏的危险,高度警惕中国特色社会主义进程被打断的危险,要随时做好军事斗争的准备。关于和平与战争的辩证法,习近平总书记反复强调能战方能止战,准备打才可能不必打,越不能打越可能挨打,这就是战争与和平的辩证法。① 2012 年 11 月,习近平总书记在中央军委的一次全会上提出了要坚持用战斗力标准衡量和检验各项军事工作。此后,军队的一系列建设和发展都紧紧围绕这个目标而开展。

积极防御的基本方针得到不断丰富和发展。积极防御是中国共产党长期坚持的战略思维的基本着眼点,积极做好军事斗争准备实际上也是贯彻落实积极防御方针的重要举措。2015 年,国务院新闻办公室发布的《中国的军事战略》白皮书中就明确指出,为实行积极防御的战略方针,要把军事斗争准备立足于打赢信息化局部战争上,要突出海上军事斗争准备,积极应对重大危机。要创新基本作战思想,根据各个方面的战争威胁和军队的实际情况,坚持好灵活机动、自主作战的原则,实行信息主导、精打要害和联合制胜的体系作战。②

积极做好军事斗争准备,牢固树立“战斗力”的标准和要求。中国人民解放军围绕战斗力这个核心目标,迈着能打仗、打胜仗的步伐阔步前进。为了使战斗力标准在全军深入人心,2014 年 3 月,按照

---

① 中共中央宣传部:《习近平总书记系列重要讲话读本》,人民出版社 2016 年版,第 252 页。

② 中华人民共和国国务院新闻办公室:《中国的军事战略》(2015 年 5 月),《人民日报》2015 年 5 月 27 日。

军委统一部署，原总政治部下发《关于深入开展战斗力标准大讨论的通知》。从中央到基层，人人参与，影响之大，前所未有，通过深入的学习和讨论，战斗力标准已经在全军中牢固树立起来；2015 年 3 月，原总参谋部颁发《关于加强和改进战役战术训练的意见》，提出要着力解决好“五个不会”①的问题，战斗力标准逐渐深入人心，在军队中普遍树立起来。

再造军队的组织形态，提高军事指挥水平。军队领导体制和作战指挥体制，直接关系到军事斗争的成败得失。2016 年 4 月 20 日，习近平总书记首次以“军委联合总指挥”的身份出现在公众面前。军队领导体制的改革，坚持军委管总、战区主战、军队主建的基本原则，完善各军兵种的领导管理体制，建立健全军队和战区两级指挥体制，原来的七大战区改成了五大战区。不仅如此，为提高军队作战的指挥水平，2014 年 12 月，中央军委颁发《关于努力建设听党指挥、善谋打仗的新型司令机关的意见》，提出探索建立参谋岗位任职资格制度，培养出一批适应新形势下战争特点的参谋人才队伍，为现代化战争提供智力支持。

优化部队规模结构和部队的构成，推动部队由依靠数量上的优势到依靠质量上的提升。2015 年 12 月 31 日，中国人民解放军现代化建设迈上了一个新的台阶——中国人民解放军陆军领导机构、火箭军、战略支援部队宣告成立，②从此，军队的领导机构由“4”到

① “五个不会”是指：“部分指挥员不会判断形势、不会理解上级意图、不会定下作战决心、不会摆兵布阵、不会处置突发情况”。

② 《按能打仗打胜仗要求阔步前行——党的十八大以来全军和武警部队贯彻落实习主席重要指示大抓战斗力建设述评》，《解放日报》2016 年 1 月 14 日。

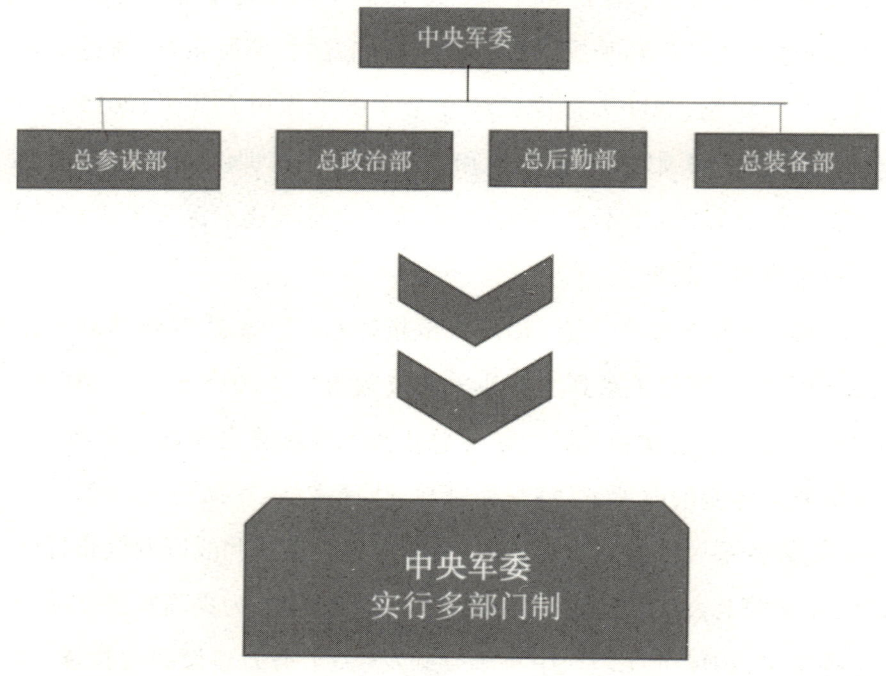

图 5　军队的多部门制改革示意图

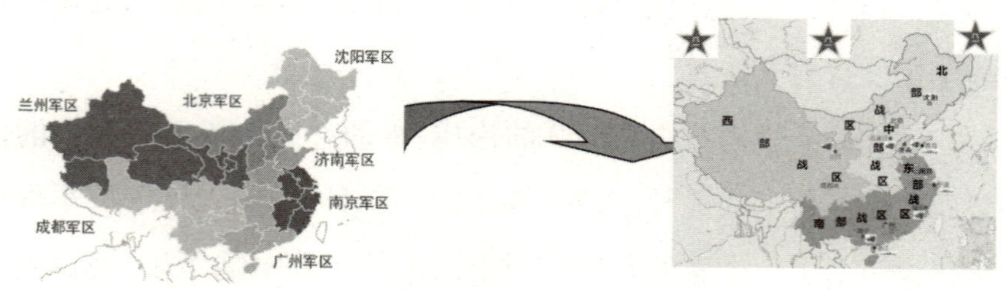

图 6　战区改革的示意图

“15”开始发生了一个大的转变。对三支部队的新型能力有了定位。陆军领导机构的建立和完善，也进一步明确了新形势下陆军的定位，“要加快实现区域防卫型到全域作战型转变”。火箭军的成立，就是要"顺应了有效的核威慑和核反击能力,加强我军中远程精准打击力量建设,增强战略制衡能力";成立新型战略支援部队,也是为了维护国家安全,"高标准高起点推进我军新型作战力量发展",增强我军战斗力的新的生长点。

打仗硬碰硬,训练必须实打实。如果军事训练水平上不去,部队战斗力就很难提高,无法保证战无不胜。2014 年,中央军委印发《关于提高军事训练实战化水平的意见》,要求全军和武警部队要增强实战化训练的使命紧迫感,全心聚焦到打仗上面,从难从严加强平时的训练。在这个方针的指导下,各级指战员从如火如荼进行实战化的训练,到加速推动武器装备现代化、信息化的步伐;从"辽宁舰"首次开赴南海训练,到有效划定南海防空识别区,人民军队围绕能打

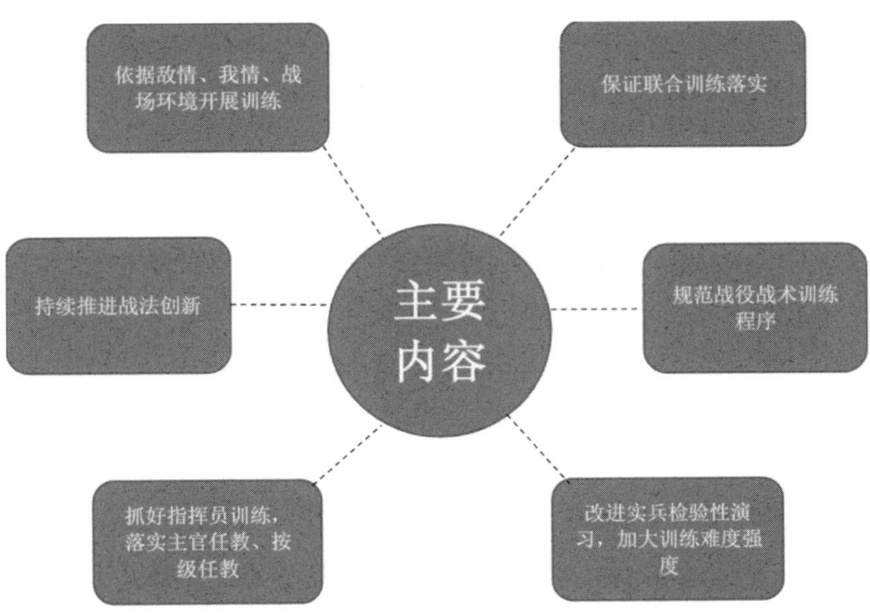

图 7　实战化军事训练的主要内容

仗、打胜仗的要求在时时刻刻准备着。2015 年 11 月 23 日，解放军三大舰队齐聚南海开展军事演习，有效展现了海军的战斗力；同年 6 月 1 日，“跨越 2015—朱日和 A”演习在内蒙古朱日和联合训练基地拉开帷幕，多个战区多兵种部队参与进来；11 月 27 日，中国空军组织多批次飞机飞抵西太平洋展开军事训练，飞出第一岛链 1000 多公里，提升了航空兵远洋作战的能力。

九、构建以合作共赢为核心的新型国际关系

五年来,以习近平同志为核心的党中央面对国内外形势发生的深刻变化,统筹国内国际两个大局,坚定不移地维护世界和平,构建以合作为核心的新型国际关系,打造人类命运共同体,实施“一带一路”战略,加强同发展中国家的合作,积极为全球治理贡献中国智慧、提供中国方案。

(一) 打造人类命运共同体

21 世纪的世界,伴随着“二战”以来全球化波涛汹涌的发展,资本、信息、技术、劳动力等各种生产要素要求在全球范围内进行科学合理的配置,人类面临的各种问题,比如说环境问题、安全问题,都需要人类的共同协作来应对,整个世界已经成为一荣俱荣、一损俱损的共同体。与此同时,中国共产党人的世界观也在不断与时俱进。早在 20 世纪 50 年代,毛泽东在《念奴娇·昆仑》中喊出了“太平世界,环球与此同凉热”的口号,2011 年国务院新闻办发表的《中国和平发展白皮书》明确提出了“命运共同体”的概念,十八大报告更是明确

提出“人类命运共同体”的概念。

2013年3月23日，习近平总书记在莫斯科国际关系学院的演讲中指出：“这个世界，各国相互联系、相互依存的程度空前加深，人类生活在同一个地球村中，生活在历史与现实交汇的同一个时空中，越来越成为你中有我、我中有你的命运共同体。”①2015年9月，习近平总书记在纽约联合国总部出席第七十届联合国大会一般性辩论的时候强调：“当今世界，各国相互依存，休戚与共。我们要继承和弘扬联合国宪章的宗旨和原则，构建以合作共赢为核心的新型国际关系，打造人类命运共同体。”②特别是2017年3月，联合国人权理事会通过了关于经济社会、文化权以及粮食权发展的决议，“构建人类命运共同体”的理念再次被写入联合国会议决议。

构建人类命运共同体，是对近现代以来世界历史中确立的国际关系基本原则的坚持和发展。在世界历史的发展进程中，为维护世界和平促进共同发展，先后产生了许多条约。360年前通过的《威斯特伐利亚》条约确立了平等和主权的原则，150多年前通过的日内瓦公约确立了国际人道主义的精神，《联合国宪章》确立了处理不同国家关系的四项宗旨和七项原则③，60多年前的万隆会议上确立的和平共处五项原则，人类命运共同体的理念充分继承了这些精神和基

① 习近平：《顺应时代前进潮流　促进世界和平发展——在莫斯科国际关系学院的演讲》，《人民日报》2013年3月24日。

② 习近平：《携手构建合作共赢新伙伴　同心打造人类命运共同体——在第七十届联合国大会一般性辩论时的讲话》，《人民日报》2015年9月29日。

③ 四项宗旨指的是：一、维持国际和平及安全，并为此目的采取有效集体办法，以防止且消除对于和平之威胁，制止侵略行为或其他和平之破坏；并以和平方法且依正义及国际法之原则，调整或解决足以破坏和平之国际争端或情势。二、发展国际间以尊重人民平等权利及自决原则为根据之友好关系，并采取其他适当办法，以增强普

本原则。

人类命运共同体概念的提出,是对中华文明传统智慧的发扬。在中华民族的悠久历史中,就强调“四海一家,天下为公”的理念,在中国古代人的眼中,天下永远是统一的,发展原则不应该是互相争斗,而是四海之内皆兄弟。人类命运共同体理念的提出,更是应对当今世界发展格局的重要举措。如果回首世界近百年来发展的历史,人类经历了两次世界大战和无数的局部冲突,给人类的文明带来了巨大的浩劫,消除战争赢得和平成为了全球各个国家各个民族的共同愿望。与此同时,世界面临着许多重大的挑战,世界经济增长遭遇重大结构性危机,欧洲迟迟没有走出金融危机的阴影,恐怖主义、民族主义、难民危机依然存在,环境问题日益凸显,这些方面的危机已经不是哪一个国家单独遇到的,而是需要整个人类共同面对的。而解决问题的方案不能仅仅依靠各主权国家的孤军奋战,更需要全球各国的协同努力。

遍和平。三、促成国际合作,以解决国际间属于经济、社会、文化及人类福利性质之国际问题,且不分种族、性别、语言或宗教,增进并激励对于全体人类之人权及基本自由之尊重。四、构成一协调各国行动之中心,以达成上述共同目的。七项原则指的是:一、本组织系基于各会员国主权平等之原则。二、各会员国应一秉善意,履行其依本宪章所担负之义务,以保证全体会员国由加入本组织而发生之权益。三、各会员国应以和平方法解决其国际争端,避免危及国际和平、安全及正义。四、各会员国在其国际关系上不得使用威胁或武力,或以与联合国宗旨不符之任何其他方法,侵害任何会员国或国家之领土完整或政治独立。五、各会员国对于联合国依本宪章规定而采取之行动,应尽力予以协助,联合国对于任何国家正在采取防止或执行行动时,各会员国对该国不得给予协助。六、本组织在维持国际和平及安全之必要范围内,应保证非联合国会员国遵行上述原则。七、本宪章不得认为授权联合国干涉在本质上属于任何国家国内管辖之事件,且并不要求会员国将该项事件依本宪章提请解决;但此项原则不妨碍第七章内执行办法之适用。

构建人类命运共同体,要求世界各国共同努力。在政治上,要建立国与国之间的对话协商机制,建立一种平等的国际关系,各国之间要摒弃过去那种强调对抗的思维,各国之间不能"这边搭台,那边拆台,而是要互相补台,好戏连台",国与国之间要"对话而不对抗,结伴而不结盟",大国之间要构建出新型的国际关系;在经济上各国要坚持共享发展,一个国家的经济发展不能建立在对其他国家的掠夺之上;不同文明、不同模式之间在交流借鉴之中要实现共同发展,共同建设一个美好的世界。

中国作为世界和平的建设者、全球发展的贡献者以及国际秩序的维护者,积极参与到世界发展进程中,积极促进国际社会达成并实施2030年可持续发展议程,发布《落实2030年可持续发展议程中方立场文件》和《中国落实2030年可持续发展议程国别方案》,在二十国集团领导人杭州峰会上共同制定《二十国集团落实2030年可持续发展议程行动计划》《二十国集团支持非洲和最不发达国家工业化倡议》等,为加快各国尤其是发展中国家的整体发展进程注入了强劲动力。①

为打造人类命运共同体,中国积极为促进世界和平作出自己的贡献,为维护传统安全和非传统安全做出自己的努力。中国深度参与伊朗核武器问题的谈判,积极斡旋南苏丹问题的和解,提出从政治上解决叙利亚问题"四步走"的方案,向世界多个地区派出2000多名维和人员,促进阿富汗政权与塔利班组织的谈判,为地区和平与稳定作出了自己的贡献。

构建命运共同体,周边国家成为了重要组成部分。在周边外交

① 中华人民共和国国务院新闻办公室:《发展权:中国的理念、实践与贡献》,《人民日报》2016年12月2日。

会议上，习近平总书记强调："要把中国梦同周边各国人民过上美好生活的愿望、同地区发展前景对接起来，让命运共同体的意识在周边国家落地生根。"①在中国政府的努力下，人类命运共同体的构建逐渐走向新的发展阶段。尼泊尔发生强烈地震之后，各国纷纷伸出援助之手，中国政府组建的国际救援队第一时间到达灾区现场，巴基斯坦也建立战地救灾医院，波兰国家消防队不惜冒着生命危险施救，充分展现了国际社会践行人类命运共同体的决心。

中国政府不仅是人类命运共同体的倡导者，而且率先垂范，带头践行，在抗击埃博拉病毒的战役中，中国紧密和非洲兄弟站在一起；在也门纷乱的战火中，中国不仅完成了自己公民的成功撤离，而且帮助撤离了许多其他国家的人员。特别值得注意的是，中国在未来5年将继续向发展中国家提供"6个100"项目支持，包括100个减贫项目、100个农业合作项目、100个促贸援助项目、100个生态保护和应对气候变化项目、100所医院和诊所、100所学校和职业培训中心；向发展中国家提供12万个来华培训和15万个奖学金名额，为发展中国家培养50万名职业技术人员；设立南南合作与发展学院，向世界卫生组织提供200万美元的现汇援助，这充分展现了中国政府践行命运共同体理念的坚定决心。

（二）实施"一带一路"战略

驼铃古道，浩浩北风；戈壁滩沙，嘶嘶马鸣。早在二千多年前，张

① 《为我国发展争取良好周边环境　推动我国发展更好惠及周边国家》，《人民日报》2013年10月26日。

骞出使西域，走出了一条联通欧亚、传递和平、散播繁荣的陆上丝绸之路；漂洋过海，观风察俗；奇珍异宝，互通有无。15 世纪初，明代航海家郑和七次下西洋，满载商品的船队往返于几十个国家之间，给东南亚国家带来了和平与繁荣。中国古代的“丝绸之路”就成功地将太平洋沿岸和非洲以及大西洋海岸连接在了一起，使得不同地区、不同民族的交流与融合变为现实，取得了举世瞩目的辉煌成就，书写了人类历史发展的新篇章。古代的丝绸之路绵亘万里、延续千年，积淀了以和平合作、开放包容、互学互鉴、互利共赢为核心的丝路精神，成为了人类文明宝贵的精神遗产。①

不谋全局者，不足谋一域。打造人类命运共同体，在实践层面就是推动实施“一带一路”战略。习近平总书记在 2013 年访问中亚和东南亚国家的时候，就提出了建设丝绸之路经济带和 21 世纪海上丝绸之路的倡议。为此，中国政府制订了《推动共建丝绸之路经济带和 21 世纪海上丝绸之路愿景与行动》。“丝绸之路经济带”主要有三大基本方向：一是从中国西北、东北经中亚、俄罗斯至欧洲、波罗的海；二是从中国西北经中亚、西亚至波斯湾、地中海；三是从中国西南经中南半岛至印度洋。而 21 世纪海上丝绸之路主要有两大基本方向：一是从中国沿海港口过南海，经马六甲海峡到印度洋，延伸至欧洲；二是从中国沿海港口过南海，向南太平洋延伸。

“一带一路”作为全方位对外开放战略，正在以经济走廊理论、经济带理论、21 世纪的国际合作理论等创新经济发展理论、区域合作理论、全球化理论。“一带一路”强调共商、共建、共享原则（共商

---

① 习近平：《携手推进“一带一路”建设——在“一带一路”国际合作高峰论坛开幕式上的演讲》，《人民日报》2017 年 5 月 15 日。

项目投资、共建基础设施、共享合作成果），超越了马歇尔计划、对外援助以及走出去战略，给21世纪的国际合作带来新的理念，其内容包括道路联通、贸易畅通、货币流通、政策沟通、人心相通等“五通”，肩负着三大使命。一是探寻后危机时代全球经济增长之道，“一带一路”是在后金融危机时代，作为世界经济增长火车头的中国，将自身的产能优势、技术与资金优势、经验与模式优势转化为市场与合作优势，实行全方位开放的一大创新；二是实现全球化再平衡，“一带一路”鼓励向西开放，带动西部开发以及中亚、蒙古等内陆国家和地区的开发，在国际社会推行全球化的包容性发展理念，中国主动向西推广优质产能和比较优势产业，将使沿途、沿岸国家首先获益，也改变了历史上中亚等丝绸之路沿途地带只是作为东西方贸易、文化交流的过道而成为发展“洼地”的面貌；三是开创21世纪地区合作新模式，“一带一路”灵活性高、适用性广以及可操作性强的特点，各国都是平等的参与者，本着自愿参与，协同推进的原则，发扬古丝绸之路兼容并包的精神。①

五年来，“一带一路”建设从无到有、由点及面，进度和成果超出预期。全球100多个国家和国际组织共同参与，40多个国家和国际组织与中国签署合作协议，形成广泛国际合作共识。联合国大会、安理会、联合国亚太经社会、亚太经合组织、亚欧会议、大湄公河次区域合作等有关决议或文件都纳入或体现了“一带一路”建设内容。经济走廊建设稳步推进，互联互通网络逐步成型，贸易投资大幅增长，重要项目合作稳步实施，取得一批重要早期收获。亚投行、丝路基金

① 王义桅：《“一带一路”的三重使命》，《人民日报（海外版）》2015年3月28日。

的成立为金融合作提供了坚实支撑。①

参与范围不断拓展。沿线各主要国家地区和国际组织态度积极,已经有100多个国家和国际组织参与到"一带一路"建设中,亚投行成员已经达到70多个国家,中国已经和56个国家和区域合作组织发表了"一带一路"的联合声明,和39个国家和46个国际组织签署了相关的合作协议;2017年3月17日,联合国安理会正式通过了决议强调国际社会要运用"一带一路"的平台来加强国际经济合作。

新亚欧大陆桥、中蒙俄、中国—中亚—西亚的经济走廊逐渐形成。新亚欧大陆桥经济走廊的范围,东至中国的东部沿海,一直向西延伸,经中国西北地区和中亚、俄罗斯,最远抵达中东欧。这个走廊,着力以现代化的物流体系为依托,着力构建大的区域市场。截至2016年年底,中欧班列运行路线达39条,开行近3000列,覆盖欧洲9个国家、14个城市;中蒙俄三国之间的经济走廊,是成功把"丝绸之路经济带""欧亚经济联盟"和蒙古的"草原之路"三者成功对接起来的产物;中国—中亚—西亚经济走廊,更是覆盖了中亚以及北非相关国家,2014年6月5日,中国国家主席习近平在中国—阿拉伯国家合作论坛第六届部长级会议上提出构建以能源合作为主轴,以基础设施建设、贸易和投资便利化为两翼,以核能、航天卫星、新能源三大高新领域为突破口的中阿"1+2+3"合作格局。

经济合作不断深化。2014年至2016年,中国同"一带一路"沿

---

① 《加强国际合作,共建"一带一路",实现共赢发展》,《人民日报》2017年2月3日。

线国家贸易总额超过3万亿美元。中国对“一带一路”沿线国家投资累计超过500亿美元。中国企业已经在20多个国家建设56个经贸合作区，为有关国家创造近11亿美元税收和18万个就业岗位。中国同“一带一路”建设参与国和组织开展了多种形式的金融合作。亚洲基础设施投资银行已经为“一带一路”建设参与国的9个项目提供17亿美元贷款，“丝路基金”投资达40亿美元，中国同中东欧“16+1”金融控股公司正式成立。这些新型金融机制同世界银行等传统多边金融机构各有侧重、互为补充，形成层次清晰、初具规模的“一带一路”金融合作网络。① 2016年，中国对“一带一路”沿线国家进出口总额62517亿元，比上年增长0.5%，其中，出口38319亿元，增长0.5%；进口24198亿元，增长0.4%；“一带一路”沿线国家对华直接投资新设立企业2905家，增长34.1%；对华直接投资金额458亿元（折合71亿美元）；中国对“一带一路”沿线国家直接投资额145亿美元；全年对“一带一路”沿线国家承包工程业务完成营业额760亿美元，增长9.7%，占对外承包工程业务完成营业额比重为47.7%。② 一批重大标志性项目建成投产或开工建设。自贸区网络正在逐渐拓展，中国与沿线许多国家相继进行了关于自贸区的谈判，达成了多项协定，贸易也逐渐走向自由化。我国与东盟完成了自贸区升级谈判，与其他一些国家的自贸区谈判也已经完成或在积极推动。我国与沿线国家的经济深度融合，我国企业已经在“一带一路”沿线20多个国家建设了56个经贸合作区，涉及多个领域，累计投资超过185亿美元，为东道国创

---

① 习近平：《携手推进“一带一路”建设》，《人民日报》2017年5月15日。

② 中华人民共和国国家统计局：《中华人民共和国2016年国民经济和社会发展统计公报》（2017年2月28日），《人民日报》2017年3月1日。

造了近 11 亿美元的税收和 18 万个就业岗位。①

基础设施建设不断加强。推进“一带一路”沿线国家基础设施的发展，提高国家治理体系现代化水平是“一带一路”建设的重要目标之一。在交通设施建设上，中国、老挝、缅甸和泰国等 4 国共同编制了《澜沧江—湄公河国际航运发展规划（2015—2025 年）》，旨在加强国与国之间在航运业上的合作；中国与“一带一路”沿线 15 个国家签署了包括《上海合作组织成员国政府间国际道路运输便利化协定》《关于沿亚洲公路网国际道路运输政府间协定》在内的 16 个双多边运输便利化协定，与 62 个国家签订了双边政府间航空运输协定，民航直航已通达 43 个国家；在能源项目建设上，中俄原油管道、中国—中亚天然气管道 A/B/C 线保持稳定运营，中国—中亚天然气管道 D 线和中俄天然气管道东线相继开工，中巴经济走廊确定的 16 项能源领域优先实施项目已有 8 项启动建设。中国与俄罗斯等周边国家在电力项目上的合作也日益增多，与巴基斯坦建设了大规模光伏电力项目；在信息化建设上，“一带一路”沿线国家共同推进跨境光缆等通信网络建设，提高国际通信互联互通水平。截至 2016 年年底，中国通过国际海缆可连接美洲、东北亚、东南亚、南亚、大洋洲、中东、北非和欧洲地区，通过国际陆缆连接俄罗斯、蒙古国、哈萨克斯坦、吉尔吉斯斯坦、塔吉克斯坦、越南、老挝、缅甸、尼泊尔、印度等国，延伸覆盖中亚、东南亚、北欧地区。②

---

① 《新闻办就供给侧结构性改革促消费等情况举行发布会》，中央人民政府网，http://www.gov.cn/xinwen/2017-02/21/content_5169747.htm#allContent。

② 推进“一带一路”建设工作领导小组办公室：《共建“一带一路”：理念、实践与中国的贡献》，中国网，http://www.china.com.cn/news/2017-05/11/content_40789833.htm。

人文交流不断增多。“一带一路”沿线的许多成员国都在科学、教育、卫生和文化等领域展开深度合作，加深了不同文明之间的合作和交流，中国也在沿线国家和地区建立了许多孔子学院，对外积极传播中国的优秀传统文化，中国每年向“一带一路”沿线国家提供1万个政府奖学金名额，实施《推进共建“一带一路”教育行动》，先后举办多次“国家文化年”的活动。

2017年5月14日，“一带一路”国际合作高峰论坛在北京正式拉开帷幕，29个国家元首和政府首脑齐聚北京，1500多名正式代表参会，共同商讨推动“一带一路”的建设。除了国家元首和政府首脑以外，共有来自110个国家的官员、学者、企业家、金融机构、媒体等各界人士，来自61个国际组织的89名负责人和代表也出席了这个论坛，这标志了“一带一路”的实施又迈向了一个新的台阶。

“一带一路”的实施，世界和中国都从中受惠。对于中国来说，“一带一路”有利于保持我国经济平稳较快发展，实现对内开放与对外开放的良好互动，实现中西部的协调发展；同时也有利于周边国家和中国实现共享发展，使得中国自身的发展更好惠及周边的国家。对世界而言，中国积极践行“一带一路”战略，也有利于世界经济的稳定增长和实现世界经济的再平衡。澳大利亚前总理陆克文指出，“一带一路”倡议是中国“走出去”新的长征，一方面让亚欧大陆重回世界中心；另一方面帮助中国周边地区经济发展，解决中国国内地区发展不平衡、也解决欧亚大陆地区发展不平衡的问题。世界诺贝尔奖获得者、知名经济学家约瑟夫·斯蒂格利茨表示，中国推行的“一带一路”发展战略，为经济全球化作出了巨大的贡献，沿线的一些国家从中受益，帮助他们实现了和世界经济之间的联通。

在不久的未来，中国将加大对“一带一路”建设资金支持，向丝路基金新增资金1000亿元人民币，鼓励金融机构开展人民币海外基金业务，规模预计约3000亿元人民币。中国国家开发银行、进出口银行将分别提供2500亿元和1300亿元等值人民币专项贷款，用于支持“一带一路”基础设施建设、产能、金融合作。中国还将同亚洲基础设施投资银行、金砖国家新开发银行、世界银行及其他多边开发机构合作支持“一带一路”项目，同有关各方共同制定“一带一路”融资指导原则。

（三）构建新型大国关系

在传统西方国际关系理论中，赢者通吃、弱肉强食等丛林法则被奉为圭臬。这种不平等国际关系对弱小国家造成了严重的损害，不利于公正合理的国际政治经济新秩序的构建。一花独放不是春，百花齐放春满园。新的历史条件下，构建新型合作共赢的国际关系，特别是世界上主要大国之间更是需要构建出新型大国之间的关系，有利于避免“大国政治的悲剧”或者“修昔底德陷阱”的发生。

在中国和世界各主要大国的关系中，中俄关系、中美关系的重要性尤为突出。中国和美国作为世界上经济规模和国际影响力最大的两个国家，是否能构建出相互尊重、合作共赢的国际关系，直接关系到世界各国关系的构建。早在2012年2月，时任中共中央政治局常委、国家副主席的习近平访问美国时就提出要构建“前无古人，后有来者”的新型大国关系的倡议。之后，希拉里等美国政要也先后发表讲话，称中国不是苏联，中美之间不能走向冷战。

2013年的盛夏6月，在美国加州安纳伯格庄园，习近平总书记和奥巴马总统会晤，达成构建新型大国关系的共识。不冲突，不对抗，指的就是中美之间要各自尊重对方的国家利益，即使存在冲突也要通过对话合作的形式协商解决；相互尊重，指的是中美两国之间虽然在社会制度、历史文化传统不同，但都尊重对方的发展道路，求同存异，共同进步；合作共赢，指的就是摒弃过去那种零和博弈的思维，主张共赢，维护自身国际利益的同时也兼顾别国利益的发展。① 特别是2014年美国总统奥巴马访问北京，和习近平总书记进行了瀛台对话，更为中美之间新型大国关系定音。2017年4月7日至8日，习近平总书记在美国佛罗里达州同美国总统特朗普举行两次中美元首会晤，双方高度评价中美关系取得的历史性进展，同意在新起点上推动中美关系取得更大发展，更好惠及两国人民和各国人民。

在中国政府的不断努力下，中美之间新型大国关系不断迈上新的台阶，从2013年习近平和奥巴马会晤到2016年的这三年，是中美关系全面深化升级的三年。三年间，无论是两国之间的战略合作对话，还是人文之间高层次的交流磋商，都相比于过去有了较大幅度的提升；三年间，两国之间的贸易总量持续增长，2015年已经达到了5584亿美元，中国已经超越了加拿大成为美国的第一大贸易伙伴，中国企业对美的投资更是有了大规模的增长，中美之间关于投资协定的谈判也不断在升级；不仅如此，两国民间交流更是日益频繁，2015年两国来往人员突破历史新高，达到475万人次，中国在美国的留学生已经接近60万人；根据相关统计，2016年作为中美两国之

---

① 《在实现中国梦征途上昂扬奋进——以习近平同志为总书记的党中央十八大以来治国理政纪实》，《人民日报》2014年1月10日。

间的“旅游年”，从1月到8月，中国居民赴美旅游人数已经达到了216.5万人次，同比增加15.5%；从1月到9月，美国来华166.04万人次，同比增长7.5%，中国已经成为美国在亚太地区第一大旅游地。旅游是政治互信的民意基础，是经贸合作的新引擎，是务实合作的重要平台，是相互借鉴学习的独特渠道。①

除了经济上的互通有无之外，两国之间的合作为国际经济政治新秩序的构建也提供了帮助，在两国和其他国家的努力下，关于伊朗核问题的谈判有了新的进展，两国携手推动联合国气候变化的巴黎大会形成了《巴黎协定》的决议，作为中美关系短板的两军之间的关系，也开始尝试建立了关于军情的通报机制和海空相遇安全准则。②不仅如此，中美两国之间的人文交流也日益增多。在教育领域，中美之间举办人文交流高层磋商，提出构建大学智库机制化交流平台，推动中美高校之间深层次的合作，同时加强青年学生之间的交流；在科技领域，中美续签《中美科技合作协定》，双方在这个协定的基础下签订了50多个相关的协议书，实施了“中美科技人员交流计划”以及“中国青年科学家访美计划”，科技合作呈现良好的势头；在体育方面，举办了第三届中美体育研讨会，双方在篮球、排球等体育运动上的合作日益增多；在文化上，中国的国家芭蕾舞剧团分别于2015年、2016年两次访问美国，中美之间在动漫领域的交往也在日益增多。

与此同行，中俄两国之间的全面战略合作伙伴关系也在不断深化拓展。十八大后，习近平总书记出访的第一站就是俄罗斯。伴随

① 《“觉得自己快是中国人了”（记者观察）》，《人民日报》2017年1月9日。
② 李易初：《中美构建新型大国关系这三年》，《光明日报》2016年6月5日。

着中俄两国政治上合作关系快速发展的是两国之间的经济合作也在不断深化，在这几年时间中，俄罗斯成为了习主席留下出访足迹最多的国家，中俄之间在政治上形成了政治上结伴而不结盟、经济上共同繁荣的发展道路。双边贸易增长势头强劲，能源、基础设施建设、航天航空等领域大项目合作稳步推进，不断取得阶段性成果。双方还积极拓展农业、中小企业、科技创新、远东开发、北极开发等新兴合作领域，努力推动两国务实合作提质升级。两国人文交流合作项目好戏不断，高潮迭起，使两国人民的心越走越近。2017 年 7 月 3 日至 4 日，习近平总书记对俄罗斯进行国事访问。这是习近平就任国家主席以来第三次对俄罗斯进行国事访问，并举行第 21 次“习普会”。两国元首共同签署并发表联合声明，批准《中俄睦邻友好合作条约》2017—2020 年实施纲要，对下一阶段中俄各领域合作发展进行规划和部署，两国有关部门签署一系列合作文件，为两国关系和各领域务实合作的发展增砖添瓦。

（四）推进全球治理体系变革

新世纪以来，世界经济政治格局发生了深刻的变化，世界经济持续低迷不振，中东乱局持续扩展，“民族主义”思潮影响犹在，民粹主义在欧美国家兴起，逆全球化暗流涌动，各种制度和不同文化的冲突在某种程度上加剧，“二战”以来形成的传统国际治理体制已经不能适应时代的发展。与此同时，全球治理中存在的固有难题亟待解决，如“全球治理失灵”、全球治理民主化、“发展缺位”等问题。2015 年 10 月 12 日，在主持中央政治局第二十七次集体学习时，习近平总书记强调，伴随着全球性挑战的增多，加强全球治理，推动全球治理体制变革已经成为大势所趋，要善于把维护我国利益同维护广大发展中国家利益结合起来，要变革全球治理体制中不合理的安排，特别是要增强新兴市场国家和发展中国家代表的话语权。① 2016 年，中国首次举办二十国集团领导人杭州峰会，这个峰会是新中国成立以来中国举办的级别最高、影响最大的峰会。在这个峰会上，中国领导人再次提出了推进全球治理体系变革的命题。

五年来，中国积极以自己的行动为全球治理贡献中国方案。至今，中国已经是几乎所有世界主要国际组织的重要成员，中国在联合国、世界贸易组织、国际货币基金组织以及世界银行等国际组织中所发挥的作用越来越大，积极承担作为一个大国的国际义务。中国在联合国中承担的会费日益增多，从 2012 年到 2015 年的 5. 15%，增加到了 2016 年的 7. 92%，在联合国维和费用中承担的比例也上升到了 10%左右。

中国同时也是全球和地区各种合作对话机制的倡导者。五年来，中国领导人开展全方位外交，足迹遍布各大洲，正在用自己的行动向世界上展现出一个负责任大国的形象。从沙特到埃及，从捷克到美国，从上海合作组织峰会到金砖四国会议，中国积极参与多边机制，不断推进南北合作、南南合作。在双边外交领域，中美之间、中俄之间的关系日益深化；在多边外交领域，中国主要领导人在几年间加强和中东欧国家领导人的会晤；针对外部世界对金砖国家的种种诋毁，中国积极为金砖国家的发展建言献策，坚定了这些国家发展的

① 《推动全球治理体制更加公正更加合理　为我国发展和世界和平创造有利条件》，《人民日报》2015 年 10 月 14 日。

信心。

中国积极参与全球治理，优先关注经济增长和共同发展。针对全球经济持续下行的局面，中国在APEC会议上引导和确立了亚太自贸区的建设，此后自贸区建设的推进顺利进行，中澳、中韩之间的自贸区相继生效。中国政府发挥上海合作组织、中国—东盟（10+1）、东盟与中日韩（10+3）、东亚峰会、中日韩合作、亚太经合组织、亚欧会议、亚洲合作对话、亚信、中阿合作论坛、中国—海合会战略对话、大湄公河次区域经济合作、中亚区域经济合作等现有双多边机制与区域合作平台，让更多国家和地区参与"一带一路"建设，推动各国共同发展。中国出资成立丝路基金，发起建立亚洲基础设施投资银行，推动成立澜沧江—湄公河合作机制，为"一带一路"沿线国家基础设施、资源开发、产业合作和金融合作等与互联互通有关的项目提供投融资支持。随后在利马举行的APEC峰会上，习近平总书记再次提出要反对一切形式的贸易保护主义，促进全球经济包容性发展。在上海合作组织峰会上提出发扬"上海精神"；特别是在接任G20主席国之后，为中国进一步积极发挥在全球治理中的作用提供了更好的平台。

2016年9月4日至5日，在杭州举办的G20峰会上，中国为全球经济复苏规划方案，积极策划推动全球金融体制的变革，建立绿色低碳的全球能源治理格局；为应对全球气候变暖，中国积极推动《巴黎协定》的形成和生效，也用自己的行动为全球环境保护作出贡献。据不完全统计，在"十二五"期间，中国的碳排放下降了20%，2015年中国非化石能源占一次性消费比重已经达到12%，中国作为一个负责任大国的形象日益凸显。在世界网络治理领域，中国也是积极应对,发布《国家网络空间安全战略》,提出要构建全球网络空间的命运共同体,共同应对网络信息技术发展带来的种种风险。

不仅如此,为推动全球治理体系变革,中国首先要把自己的事情办好,为此中国自身也做出了种种努力。中国加快实施自由贸易战略,构建高标准的自由贸易区,加强建设区域之间伙伴贸易的协定,推动中日韩自贸区的谈判,推动与以色列、加拿大、欧亚经济联盟和欧盟等建立自贸关系以及亚太自贸区相关工作。全面落实中韩、中澳等自由贸易协定和中国—东盟自贸区升级议定书。继续推进中美、中欧投资协定谈判。

维护世界和平,中国从未缺位。中国是联合国安理会5个常任理事国中派遣维和人员数量最多的国家。马里、南苏丹、刚果(金)、利比里亚等战乱地区,都见证着中国军人的勇敢与奉献。目前,中国军队有近2500名官兵在9个任务区执行维和任务;推动国际体育发展,中国也在积极行动,在成功举办2008年世界奥运会之后,又在紧锣密鼓筹备举办2022年世界冬季奥运会,为世界展现更多的中国力量。中国用自己的努力,为逐渐构建全球治理体系提供一个“中国方案”。在打击全球恐怖主义方面,2014年习近平总书记在上合组织杜尚别峰会上提出要加大对恐怖主义的打击力度,《上海合作组织反极端主义公约》正式签署,有助于有针对性地开展反恐方面的合作,这和以前通过的《打击恐怖主义、分裂主义和极端主义上海公约》《上合组织反恐怖主义公约》等一起构成了应对恐怖势力蔓延的法律基础。

（五）加强与发展中国家团结合作

中国是世界上最大的发展中国家，中国和发展中国家在历史上一直有着深厚的友谊。1955年，周恩来在亚非会议上做的补充发言中指出，中国和亚非国家共同的基础，就在于我们从近代以来就受过、并且现在仍在受着殖民主义所造成的灾难和痛苦，这是我们共同合作的政治基础。① 在处理和发展中国家的关系时，中国政府始终坚持国家不分大小一律平等、对于历史上遗留的争端问题采用和平解决的方法，没有任何附加条件的对外援助，赢得了广大发展中国家的支持，被“抬进了联合国”。为推动全球治理体系的变革，不仅需要同世界上主要大国构建新型的大国关系，更要加强与发展中国家之间的团结合作。

树立好正确的义利观。国际关系中很重要的因素是国家利益，但是如果仅仅从自身的国家利益出发，从长远来看是不利于世界的和谐，终究要危害到自己的发展。中国古代传统文化中就讲究处理“义”和“利”之间的关系，孟子讲过“生亦我所欲也，义亦我所欲也；两者不可得兼，舍生而取义也”。同样，中国在外交战略上也是坚持先“义”后“利”，特别突出的表现就是在处理和广大发展中国家的关系上。“正确义利观”要求在开展和发展中国家的合作要坚持互利共赢、共同发展的原则，有时甚至要主动让利、舍利取义，做到先予后取、多予少取，必要时只予不取。新中国成立后，在自身经济困难的

① 金冲及主编：《周恩来传》第3册，中央文献出版社1998年版，第1168页。

情况下，中国坚持向广大亚非拉国家提供大量的援助，在非洲援建坦赞铁路、派驻医疗队，为发展中国家的发展作出了巨大贡献。习近平总书记提出要坚持正确的义利观，讲情谊、讲道义，多向发展中国家提供力所能及的帮助。① 在处理同周边国家的关系上要坚持“亲、诚、惠、荣。”中国加强了对周边国家教育和经济的支援力度，与周边国家共同建设“一带一路”，亚投行以及丝路基金，大力推动周边发展中国家基础设施建设。为了加强南南之间的合作，2015 年 9 月，习近平总书记在联合国可持续发展峰会上宣布建立规模为 200 亿元人民币的气候变化南南合作基金。

中国对发展中国家的援助力度不断在增大。2014 年中国承诺出资 1 亿元人民币帮助东亚乡村展开减少贫困的计划；2015 年更是向东盟的一些欠发达国家提供了 30 亿元的援助，还将继续向东盟国家提供 100 亿美元优惠性质的贷款，并且启动中国和东盟第二期投资合作 30 亿美元资金的募集。不仅如此，中国国家开发银行还将继续设立 100 亿美元中国和东盟国家有关基础设施的专项贷款。② 在 2015 年中非合作论坛约翰内斯堡峰会开幕式上，习近平总书记提出将中非新型战略伙伴关系提升为全面战略合作伙伴关系，提出要加强中非之间的“十大合作计划”：即工业化合作计划、农业现代化合作计划、基础设施合作计划、金融合作计划、绿色发展合作计划、贸易和投资便利化合作计划、减贫惠民合作计划、公共卫生合作计划、人文合作计划、和平和安全合作计划。

---

① 王毅：《坚持正确义利观，积极发挥负责任大国作用——深刻领会习近平同志关于外交工作的重要讲话精神》，《人民日报》2013 年 9 月 10 日。

② 李克强：《在第九届东亚峰会上的发言》，《人民日报》2014 年 11 月 14 日。

中国不仅加大对发展中国家的经济援助，还对发展中国家技术能力的提升给予了较大的支持。伴随着中国载人航天、北斗导航等航天技术的重大突破，中国在航天技术的发展上加强和发展中国家合作，特别是支持建立自己的外空技术能力。2014 年 11 月，联合国空间科学与技术教育亚太区域中心（中国）正式成立，该中心的目标在于帮助发展中国家培养自己的空间应用人才。中国对非洲国家的基础设施建设给予了大力支持，中国提出在非洲建设打造“三大网络”，包括高速铁路网、高速公路网、区域航空网，中方的企业将全方位参与到非洲基础设施建设中来；中国路桥集团开始承建东非历史上最大铁路网——东非铁路；不仅如此，中国还加强同非洲国家的人文交流，特别是中非近年来关于治国理政经验上的交流更是广泛而深入开展。中国每年都邀请大量非洲的官员来中国学习考察，非洲国家的许多政党先后派代表团来华参观访问，中非之间的人文交流也日益增多。中国同拉美各国建立全方位战略合作伙伴关系，制定《中国与拉美和加勒比国家合作规划（2015—2019）》，实现各自发展战略对接；中国与巴西、秘鲁的“两洋铁路”，与阿根廷的水电站和货运铁路等大项目稳步推进；2016 年是中国和拉丁美洲首个国家文化交流年，中拉关系在发展中继续前进。

十、全面从严治党

五年来,以习近平同志为核心的党中央以强烈的历史责任感、深沉的使命忧患感、顽强的意志品质,提出并实施全面从严治党的重大战略,并将其纳入“四个全面”战略布局,同党的中心工作一起谋划、一起部署、一起推进,凝心聚力、直击积弊、扶正祛邪,开启了党的建设新的伟大工程的新局面,党风政风呈现新气象,为新的历史条件进行具有许多新的历史特点的伟大斗争提供了坚强的组织保证。

(一)思想建党和制度治党紧密结合

全面从严治党,具体来说就是要做到全覆盖、全领域、全过程,其中一个重要体现就是坚持思想建党和制度治党紧密相结合。这一治党新方略,是以习近平同志为核心的党中央着眼于当前党内在思想、制度方面存在的突出问题提出来的,在理论上推进了马克思主义党建理论的创新和发展,而且在实践上强力推进,使其成为推进全面从严治党的着力点。

强化思想建党,补足精神之钙。习近平总书记指出:“坚定理想信念，坚守共产党人精神追求，始终是共产党人安身立命的根本”，“理想信念就是共产党人精神上的‘钙’，没有理想信念，理想信念不坚定，精神上就会‘缺钙’，就会得‘软骨病’。”①这一精辟论述，深刻揭示了理想信念教育的极端重要性。五年来，在党中央统一部署下，各级党组织先后开展党的群众路线教育实践活动、“三严三实”专题教育、“两学一做”学习教育，加强意识形态工作，强化党员干部的党性教育和理论教育，进一步补精神之钙、固思想之元、培执政之本。

着力制度治党，扎紧制度之笼。“制度不在多，而在于精，在于务实管用，突出针对性和指导性”，“要搞好配套衔接，做到彼此呼应，增强整体功能”。② 五年来，制度治党加快推进。党的十八届三中全会把深化党的建设制度改革纳入全面深化改革。党的十八届四中全会把形成完善的党内法规体系作为全面推进依法治国总目标的重要内容，对加强党内法规制度建设作出重要部署。党的十八届五中全会提出“坚持依法执政，全面提高党依据宪法法律治国理政、依据党内法规管党治党的能力和水平”，把制度治党提高到了前所未有的高度。③ 党的十八届六中全会专门研究制定《关于新形势下党内政治生活的若干准则》《中国共产党党内监督条例》，并将制度治党写进准则，上升为全党意志。

---

① 中共中央文献研究室编：《十八大以来重要文献选编》（上），中央文献出版社 2012 年版，第 80—81 页。

② 习近平：《在党的群众路线教育实践活动总结大会上的讲话》，《人民日报》2014 年 10 月 9 日。

③ 《中共中央关于制定国民经济和社会发展第十三个五年规划的建议》（2015 年 10 月 29 日中国共产党第十八届中央委员会第五次全体会议通过），《人民日报》2015 年 11 月 4 日。

五年来，党内法规体系建设取得重大进步，出台了一大批标志性、关键性、引领性的党内法规，制定修订 74 部中央党内法规，超过现行有效的 170 多部中央党内法规的 40%，党内法规制度体系的框架基本形成，进一步夯实了全面从严治党的制度基础。① 习近平总书记指出："要把党内法规制度建设作为事关党长期执政和国家长治久安的重大战略任务，加快构建以党章为根本、若干配套党内法规为支撑的党内法规制度体系，扎紧制度的笼子"。② 2013 年 11 月，党的历史上第一次编制的《中央党内法规制定工作五年规划纲要(2013—2017 年)》正式发布，明确到建党 100 周年时全面建成内容科学、程序严密、配套完备、运行有效的党内法规制度体系。2012 年至 2014 年，中央部署开展党的历史上第一次党内法规和规范性文件集中清理工作，对新中国成立至 2012 年 6 月间出台的 23000 多件中央文件进行全面筛查，共梳理出规范党组织工作、活动和党员行为的党内法规和规范性文件 1178 件，废止 322 件，宣布失效 369 件，二者共占 58.7%。2015 年 7 月，根据党中央要求，中央书记处协调建立由中央办公厅牵头，中央纪委机关、中央组织部等 13 家成员单位参加的中央党内法规工作联席会议制度。

2013 年 2 月，习近平总书记在一份材料上批示："关键是要抓住制度建设这个重点，以完善公务接待、财务预算和审计、考核问责、监督保障等制度为抓手，努力建立健全立体式、全方位的制度体系，以

---

① 中共中央办公厅法规局：《以改革创新精神加快补齐党建方面的法规制度短板》，《求是》2017 年第 3 期。

② 《为全面从严治党提供制度保障(治国理政新实践)——以习近平同志为总书记的党中央推进依规治党纪实》，《人民日报》2016 年 4 月 19 日。

刚性的制度约束、严格的制度执行、强有力的监督检查、严厉的惩戒机制，切实遏制公款消费中的各种违规违纪违法现象。”①根据这一要求，党中央陆续颁布《党政机关厉行节约反对浪费条例》《关于党政机关停止新建楼堂馆所和清理办公用房的通知》《党政机关国内公务接待管理规定》《中央和国家机关培训费管理办法》《中央和国家机关会议费管理办法》等规定，从预算管理、办公用房、公务接待、公务用车、因公临时出国、会议、培训领导干部待遇等各方面织起厉行节约、反对浪费的制度之笼，坚决遏制了公务活动中的铺张浪费行为，政府“三公”经费连续多年下降。

强化制度执行，把纪律规矩挺在前面。制定制度固然很重要，更重要的是抓落实，九分力气要花在这上面。② 要坚持制度面前人人平等、执行制度没有例外，不留“暗门”、不开“天窗”，坚决维护制度的严肃性和权威性，坚决纠正有令不行、有禁不止的行为，使制度成为硬约束而不是“橡皮筋”。③ 2012 年 12 月 11 日，《十八届中央政治局关于改进工作作风、密切联系群众的八项规定》正式印发。这是五年来制定的第一部重要党内法规，被老百姓亲切地称为“中央八项规定”。“中央八项规定”，是规范中央政治局同志的规矩，表明了新一届中央领导集体带头执行党的纪律规矩的鲜明态度。五年

① 《激扬正气定乾坤(治国理政新实践)——以习近平同志为总书记的党中央带头加强作风建设述评》，《人民日报》2016 年 1 月 11 日。

② 中共中央纪律检查委员会、中共中央文献研究室编：《习近平关于党风廉政建设和反腐败斗争论述摘编》，中央文献出版社、中国方正出版社 2015 年版，第 129 页。

③ 习近平：《在党的群众路线教育实践活动总结大会上的讲话》，《人民日报》2014 年 10 月 9 日。

来，党中央率先垂范、以身作则、狠抓落实，带头执行"中央八项规定"等党内法规，推动党内法规制度有效落实，着力让铁规发力，让禁令生威，全方位展现制度的威力，也赢得了群众的支持和拥护。据2013年、2014年国家统计局全国抽样调查显示，96%的群众满意中央政治局制定和执行八项规定，94.9%的群众满意八项规定取得的成效，91.4%的群众对长期执行八项规定精神有信心。①

2016年7月，党中央颁布《中国共产党问责条例》，明确了问责的对象、内容和方式方法，为强化问责提供了制度利器。各级党委和纪委贯彻执行问责条例，坚持"一案双查"，对党的领导核心作用弱化、管党治党不严不实、"四风"和腐败问题频发、巡视整改不落实等进行问责，推动失责必问、问责必严成为常态。严肃查处辽宁省委换届、省人大常委会换届以及全国人大代表选举中出现的系统性拉票贿选问题，共查处955人，其中中管干部34人，并通报全党。对民政部党组、驻民政部纪检组管党治党不力、发现问题不报告不处置严肃问责，原党组书记、派驻纪检组组长受到责任追究。2016年，全国共有990个单位党组织和1.7万名党员领导干部被问责。中央纪委分两批通报14起责任追究的典型问题。②

在党的纪律中，首要的是要严明党的政治纪律。习近平总书记指出，政治纪律是最主要、最根本、最关键的纪律，遵守党的政治纪律是遵守党的全部纪律的重要基础。遵守党的政治纪律，最核心的，就

---

① 《激扬正气定乾坤（治国理政新实践）——以习近平同志为总书记的党中央带头加强作风建设述评》，《人民日报》2016年1月11日。

② 王岐山：《推动全面从严治党向纵深发展　以优异成绩迎接党的十九大召开——在中国共产党第十八届中央纪律检查委员会第七次全体会议上的工作报告》，《人民日报》2017年1月20日。

是坚持党的领导。① 全党同志要增强政治意识、大局意识、核心意识、看齐意识，切实做到对党忠诚、为党分忧、为党担责、为党尽责。② 2015 年 10 月，党中央颁布修订的《中国共产党纪律处分条例》，把政治纪律放在六大纪律之首，进一步细化和明确了党章中关于政治纪律的具体要求，特别是反映了党的十八大以来的新要求，如增加妄议中央大政方针，搞团团伙伙、拉帮结派、对抗组织审查等条款，为党员干部遵守政治纪律划清了“政治底线”，亮出了一张清晰的“负面清单”。

在思想建党和制度治党紧密结合上迈出新步伐，使加强制度治党的过程成为加强思想建党的过程，也使加强思想建党的过程成为加强制度治党的过程。2015 年 10 月，党中央颁布新修订的《中国共产党廉洁自律准则》《中国共产党纪律处分条例》。两者一柔一刚，前者重在立德、指明道德高线，后者开列负面清单、划出行为底线，是思想建党和制度治党紧密结合的一个重要制度安排。从 2016 年 10 月，党的十八届六中全会审议通过的《关于新形势下党内政治生活的若干准则》，把“坚定理想信念”作为首要内容，强调要“以党委（党组）中心组学习等制度为主要抓手”，“坚持中央领导同志作专题报告制度。”③各级党校、行政学院、干部学院按照中央要求，“把党章和

---

① 中共中央文献研究室编：《党的十八大以来重要文献选编》（上），中央文献出版社 2014 年版，第 131—132 页。

② 习近平：《在庆祝中国共产党成立 95 周年大会上的讲话》，《人民日报》2016 年 7 月 2 日。

③ 《关于新形势下党内政治生活的若干准则》（2016 年 10 月 27 日中国共产党第十八届中央委员会第六次全体会议通过），《人民日报》2016 年 11 月 3 日。

党规党纪学习教育作为党性教育的重要内容”①，教育引导党员干部知敬畏、明底线。从2016年4月起，“学党章党规、学系列讲话，做合格党员”学习教育在全党开展。2017年3月，中共中央办公厅印发《关于推进“两学一做”学习教育常态化制度化的意见》，强调推进“两学一做”学习教育常态化制度化，是坚持思想建党、组织建党、制度治党紧密结合的有力抓手，是不断加强党的思想政治建设的有效途径，是全面从严治党的战略性、基础性工程。推进“两学一做”学习教育常态化制度化，对于进一步用习近平总书记系列重要讲话精神武装全党，确保全党更加紧密地团结在以习近平同志为核心的党中央周围，不断开创中国特色社会主义事业新局面，具有重大而深远的意义。

（二）坚持“老虎”和“苍蝇”一起打

五年来，党中央把党风廉政建设和反腐败斗争作为全面从严治党的重大政治任务，坚持“老虎”和“苍蝇”一起打，以猛药去疴、重典治乱的决心，以刮骨疗毒、壮士断腕的勇气，坚持无禁区、全覆盖、零容忍，坚决查处了一批大案、要案，反腐败斗争压倒性态势已经形成，不敢腐的目标初步实现，不能腐的制度日益完善，不想腐的堤坝正在构筑。

2013年1月22日，习近平总书记在出席十八届中央纪委二次全会时发表重要讲话。这也是习近平同志在担任中共中央总书记、国

① 习近平：《在全国党校工作会议上的讲话》，《求是》2016年第9期。

家主席、中央军委主席后，第一次出席中纪委全会并发表讲话。他指出：“要坚持‘老虎’‘苍蝇’一起打，既坚决查处领导干部违纪违法案件，又切实解决发生在群众身边的不正之风和腐败问题。要坚持党纪国法面前没有例外，不管涉及到谁，都要一查到底，决不姑息。”①这一表态，彰显了新一届中央领导集体推进党风廉政建设和反腐败斗争的坚定决心，也向党内外、国内外宣告了中国共产党人的鲜明态度。

2012 年 12 月 6 日，据中共中央纪委有关负责人证实，四川省委副书记李春城涉嫌严重违纪，接受组织调查。李春城成为十八大后首位被调查的省部级干部，由此拉开了“打老虎”的序幕。截止到 2016 年年底，党的十八大以来，立案审查中管干部 240 人，处分 223 人，移送司法机关 105 人。②

五年来的反腐败斗争，一个鲜明特点就是真正做到了“持续保持高压态势，做到零容忍的态度不变、猛药去疴的决心不减、刮骨疗毒的勇气不泄、严厉惩处的尺度不松，发现一起查处一起，发现多少查处多少，不定指标、上不封顶，凡腐必反，除恶务尽”。③ 严肃查处了周永康、薄熙来、郭伯雄、徐才厚、令计划、苏荣等高级干部严重违纪违法案件，打破了一些人所谓“刑不上大夫”的猜想。一大批“老

---

① 中共中央文献研究室编：《十八大以来重要文献选编》（上），中央文献出版社 2014 年版，第 135 页。

② 王岐山：《推动全面从严治党向纵深发展，以优异成绩迎接党的十九大召开——在中国共产党第十八届中央纪律检查委员会第七次全体会议上的工作报告》，《人民日报》2017 年 1 月 20 日。

③ 中共中央纪律检查委员会、中共中央文献研究室编：《习近平关于党风廉政建设和反腐败斗争论述摘编》，中央文献出版社、中国方正出版社 2015 年版，第 129 页。

虎”相继落马，证明在党内没有免罪的“丹书铁券”，也没有什么“铁帽子王”，在党内外产生强烈反响。

在坚持高压反腐的同时，反腐败国际合作力度持续加大。习近平总书记强调：“腐败分子即使逃到天涯海角，也要把他们追回来绳之以法，五年、十年、二十年都要追，要切断腐败分子的后路”①，“把惩治腐败的天罗地网撒向全球，让已经潜逃的无处藏身，让企图外逃的丢掉幻想”。② 习近平总书记在二十国集团领导人峰会、亚太经合组织会议、金砖国家领导人会晤和访美、访英、访俄等多边及双边交流场合，多次表示中方愿意加大反腐败国际合作力度，推动国际追逃追赃务实合作。2014 年 11 月 9 日，在中国的倡导下，亚太经合组织第 26 届部长级会议审议通过《北京反腐败宣言》，推动在亚太经合组织框架下加强反腐败国际合作。中央反腐败协调小组设立国际追逃追赃工作办公室，健全协调机制，明确任务分工，建立外逃信息统计报告制度，摸清底数。截至 2017 年 3 月 31 日，两年的时间，“天网”行动先后从 90 多个国家和地区追回外逃人员 2873 人，其中国家工作人员 476 人，“百名红通人员”40 人（数字截至 2017 年 4 月底），追回赃款 89.9 亿元人民币，追逃追赃工作取得重要阶段性胜利。③这项工作，对企图外逃的腐败分子产生极大威慑。据统计，2014 年新增外逃人员为 101 人，2015 年降到了 31 人，2016 年已经降到了 19

① 习近平：《在十八届中央纪律检查委员会第三次全体会议上的讲话》（2014 年 1 月 14 日），《人民日报》2014 年 1 月 28 日。

② 习近平：《全面从严治党　把纪律挺在前面　忠诚履行党章赋予的神圣职责——在中国共产党第十八届中央纪律检查委员会第六次全体会议上的工作报告》（2016 年 1 月 12 日），《人民日报》2016 年 1 月 25 日。

③ 杨永纯：《对腐败外逃人员一追到底》，《人民日报》2017 年 4 月 28 日。

人，呈现出逐年下降的趋势。①

用好巡视这把反腐“利剑”。党中央高度重视巡视工作，把党风廉政建设和反腐败斗争作为巡视的中心，以“发现问题，形成震慑”为主要任务，紧扣“六大纪律”（即党的政治、组织、廉洁、群众、工作和生活纪律），深化“四个着力”（即着力发现巡视对象在腐败、作风、纪律、选人用人等四个方面存在的突出问题），使巡视真正成为党内监督的战略性制度安排和“国之利器、党之利器”。习近平总书记十多次主持中央政治局常委会，听取中央巡视工作情况汇报，并发表重要讲话，对加强和改进巡视工作提出要求。在实践中，中央政治局常委会听取巡视汇报已经形成惯例。先后实现对31个省区市和新疆生产建设兵团、国有重要骨干企业、中央金融单位、中央和国家机关、中管高校巡视的全覆盖。创新方式方法，推出专项巡视、“一托二”“一托三”“回头看”“一次一授权”“三个不固定”（组长不固定、巡视对象不固定、巡视组和巡视对象的关系不固定）等新手段，不断加快巡视全覆盖步伐。通过巡视，有力地发现了一批领导干部问题线索和纪律、作风、腐败、用人等方面的突出问题。据统计，党的十八大以来查处的中管干部，有一半以上是巡视发现的线索。仅在2015年，中央巡视就发现反映领导干部问题线索3000余件、“四风”突出问题400余件，督促查处450余名非中管干部违纪违法问题。通过巡视先后揪出廖少华、苏荣、郭有明、白恩培等一大批“老虎”，有力发挥了震慑遏制作用。中央纪委针对发现的问题，约谈中管企业和金

① 《反腐败斗争压倒性态势已经形成（在国新办新闻发布会上）》，《人民日报》2017年1月10日。

融单位党组织负责人；对共性问题，提前向未巡视党组织打招呼，要求即知即改；对违反中央八项规定精神问题要求立行立改；巡视后督促全面整改。

各省区市党委贯彻巡视工作条例，至 2017 年 5 月，16 个省区市已经实现巡视全覆盖；60 个中央单位党组织建立了巡视制度；各省区市和新疆生产建设兵团以及 15 个副省级城市开展市县巡察，巡视和巡察有机衔接的工作格局正在形成。十八大以来，省区市巡视发现违反“六项纪律”方面问题 14 万多个，党的领导弱化、党的建设缺失、全面从严治党不力突出问题 4 万多个，领导干部违纪违规问题线索 5.8 万余件，其中涉及厅局级干部 1.3 万件、县处级干部 3.96 万件，呈现出逐年大幅提升的态势。截至 2017 年 4 月底，巡视中移交的 1.6 万条具体问题整改率达 91.7%，巡视反馈的 9.7 万个问题整改率为 88%。加强督促检查，有 30 个地区对 993 个党组织开展“回头看”，25 个地区对 1323 个党组织开展巡视整改专项检查，体现了党内监督的严肃性和韧劲。与此同时，针对巡视发现的普遍性倾向性问题，省区市巡视组指出“病症”、揭示“病因”、剖析“病害”，向党委提交专题报告 5427 份，向相关部门提出意见建议 5729 条，推动被巡视党组织和相关部门举一反三，加强监管、堵塞漏洞、完善制度。①

不仅打“老虎”，对于群众身边嗡嗡乱飞的“蝇贪”同样不放过。习近平总书记指出：“相对于‘远在天边’的‘老虎’，群众对‘近在眼前’嗡嗡乱飞的‘蝇贪’感受更为真切。‘微腐败’也可能成为‘大祸害’，它损害的是老百姓切身利益，啃食的是群众获得感，挥霍的是

① 《全覆盖是这样实现的——十八大以来省区市党委巡视工作综述》，《中国纪检监察报》2017 年 5 月 12 日。

基层群众对党的信任。对基层贪腐以及执法不公等问题，要认真纠正和严肃查处，维护群众切身利益，让群众更多感受到反腐倡廉的实际成果。”①仅2013年，各级纪检监察机关严查发生在社会保障、医疗卫生、环境保护、国土资源、教育等部门的案件，查处1.5万人，比2012年同期增长27.0%。还查处了一批职级不高、涉案金额巨大、群众反映强烈的“小官巨贪”案件，如查处新疆维吾尔自治区疏勒县牙甫泉镇党委委员、副镇长郭刚挪用百万公款用于赌博的案件。②2016年，中央纪委作出专项部署，对信访举报中涉及扶贫的问题建立移送查处工作机制。中央纪委对问题反映集中的21个县市旗、164个扶贫领域腐败问题重点督办，对40起典型案例通报曝光。2016年，全国共处分乡科级及以下干部39.4万人，增长24%，其中处分村党支部书记、村委会主任7.4万人，增长12%。截至2016年年底，全国纪检监察机关共立案116.2万件，给予纪律处分119.9万人；全国共处分乡科级及以下党员、干部114.3万人，处分农村党员、干部55.4万人。③

十八大以来，党风廉政建设和反腐败斗争取得的成绩，有目共睹，赢得了人民群众的支持。据国家统计局开展的全国党风廉政建设民意调查数据显示，党的十八大召开前，人民群众对党风廉政建设和反腐败工作的满意度是75%，2013年是81%，2014年是88.4%，

---

① 习近平：《在第十八届中央纪律检查委员会第六次全体会议上的讲话》（2016年1月12日），《人民日报》2016年5月3日。

② 《党的十八大以来纪检监察机关查办案件工作综述》，中央纪委监察部网站，http://www.ccdi.gov.cn/yw/201401/t20140109_35183.html。

③ 《反腐败斗争压倒性态势已经形成（在国新办新闻发布会上）》，《人民日报》2017年1月10日。

2015年是91.5%,2016年是92.9%,逐年走高。① 2017年1月,中国社会科学院发布的《反腐倡廉建设蓝皮书》指出,基于对东、中、西部8个省(自治区、直辖市)的实地调研以及全国范围内的问卷调查和舆情分析指出,人民群众切实看到了党风廉政建设和反腐败斗争的实效,对党的信心、信任和信赖不断增强。93.5%的普通干部、86.7%的专业人员认为,党和政府惩治和预防腐败"非常坚决"和"比较坚决",比2012年提高了14.6和29.7个百分点。70.2%的城乡居民对党风廉政建设和反腐败斗争"有信心"和"比较有信心",比2012年提高了10.2个百分点。②

十八大以来的反腐败也赢得了国外媒体和相关人士的高度评价。英国《金融时报》评价说:"此次反腐行动查处官员级别之高、数量之多可谓数十年所罕见,同时颁行的《关于新形势下党内政治生活的若干准则》和《中国共产党党内监督条例》等规定,都在相当程度上反映了中国共产党领导集体从制度上对腐败'治本'的决心与雄心。"美国乔治亚州立大学政治学教授安德鲁·魏德安在英国《金融时报》撰文称,习近平上任以来展开的反腐行动"很可能成为自20世纪70年代末中国改革开放以来最持久、最强硬的一次'实干'行动"。美国《外交》杂志刊文指出,"打虎拍蝇"行动已经取得第一阶段的成功,有力地震慑了中国的腐败分子,多数中国政府官员已经"不敢腐"。目前,反腐进入更为关键的阶段"不能腐",即加大反腐

① 《反腐败斗争压倒性态势已经形成(在国新办新闻发布会上)》,《人民日报》2017年1月10日。

② 《〈反腐倡廉蓝皮书〉:人民群众对党的信心不断增强》,人民网,http://world.people.com.cn/n1/2017/0105/c190970-29000518.html。

倡廉法规制度建设,建立防止腐败产生的有效机制。在这一阶段取得成功后,中国将最终迎来第三阶段的反腐行动,即“不想腐”,这或将改变中国的政治文化。①

(三) 从严治吏

党要管党,首先是管好干部;从严治党,关键是从严治吏。② 五年来,党中央坚持从严治吏,把领导干部特别是党的高级干部这个“关键少数”作为全面从严治党的重点对象,在从严管理、监督干部方面取得不少突破性进展。

较长时间以来,领导干部个人事项报告由于“只填报不核实”,不同程度地存在漏报、错报、瞒报等问题,使这项制度没有充分发挥有力的监督制约作用。五年来,领导干部个人有关事项报告工作不断加强和改进。习近平总书记指出:“重大事项报告制度不能摆在那,要抽查,抽查以后有问题的就要追究处理,这样这个制度才有用,而且才能如实报。”③根据党中央要求,2014 年 1 月,中组部印发《领导干部个人有关事项报告抽查核实办法(试行)》,明确了抽查核实工作的原则、项目、对象范围、方法、结果处理和纪律要求等。抽查方

---

① 《中国反腐成果令世界惊叹(国际论道)》,《人民日报(海外版)》2017 年 6 月 12 日。

② 中共中央文献研究室编:《十八大以来重要文献选编》(上),中央文献出版社 2014 年版,第 350 页。

③ 中共中央纪律检查委员会、中共中央文献研究室编:《习近平关于党风廉政建设和反腐败斗争论述摘编》,中央文献出版社、中国方正出版社 2015 年版,第 131 页。

式主要有随机抽查和重点抽查两种。随机抽查每年集中开展一次，重点抽查主要根据工作需要，对拟提拔的部分考察对象、拟列入后备干部人选对象、巡视工作中需要核实的对象，以及群众举报反映的对象等进行核实。各级组织人事部门高度重视对抽查核实结果的运用，把抽查核实结果作为领导干部对党组织是否忠诚老实的重要标志，作为领导干部是否清正廉洁的重要依据，作为领导干部是否“带病”的重要诊断。

2015 年 1 月开始，中组部在全国范围部署推行领导干部个人有关事项“凡提必核”，凡是拟提拔为副处级以上干部人选、后备干部人选以及转任重要岗位人选等，都进行重点抽查核实，并加大随机抽查力度，将抽查比例由 3%—5%扩大到 10%。2015 年，全国共抽查 43.92 万名领导干部个人事项报告，其中因不如实报告个人有关事项等问题，被取消提拔资格 3902 人，调离岗位 35 人，改任非领导职务 17 人，免职 58 人，降职 14 人；发现问题线索移交纪检监察机关给予党纪政纪处分 160 人；受到批评教育 4.16 万人，责令作出检查 1.43 万人，通报批评 856 人，诫勉 5891 人，取消后备干部资格 698 人。截至 2017 年年初，全国因查核发现不如实报告等问题被暂缓任用或者取消提拔重用资格、后备干部人选资格 9100 多人，因不如实报告等问题受到处理的共 12.48 万人。

根据十八大以来的新经验和新要求，2017 年 4 月，中共中央办公厅、国务院办公厅印发新修订的《领导干部报告个人有关事项规定》和新制定的《领导干部个人有关事项报告查核结果处理办法》。这次修订出台的《规定》，坚持分类管理原则，抓住“关键少数”，进一步突出了对党政领导干部的监督，将国有企业、事业单位的报告对象范围作了适当调整。报告事项内容更加突出与领导干部权力行为关联紧密的家事、家产情况。《办法》明确了认定漏报、瞒报需要掌握的基本原则、具体情形和处理依据，规定了领导干部因不如实报告个人有关事项受到组织处理和纪律处分的影响期，为更加有效地强化查核结果运用提供了遵循。①

对超职数配备、“裸官”、干部档案造假等突出问题进行集中整治。对于超职数配备干部问题，2014 年 1 月，中央组织部、中央编办和国家公务员局联合印发《关于严禁超职数配备干部的通知》，明确了对超职数配备干部问题开展专项整治的总体思路、主要任务和纪律要求。强调要严禁超出核定的领导职数配备干部；严禁以“低职高配”等形式超机构规格提拔干部；严禁违反规定设置“助理”“顾问”“资政”等领导职务名称配备干部；严禁出台“土政策”，用职务和职级待遇奖励领导干部，违反规定提高干部职级待遇；严禁突破比例限额、超出规定范围，以“正副厅局级干部”“正副县处级干部”或“正副乡处级干部”等名义变相设置非领导职数配备干部。经过 3 年多的努力，全国超配的 4 万多名副处级以上领导职务基本消化，坚决遏制了“三超两乱”（超职数配备干部、超机构规格提拔干部、超审批权限设置机构，擅自提高干部职级待遇、擅自设置职务名称）现象。

开展“裸官”专项清理。2014 年上半年，中央组织部印发《配偶已移居国（境）外的国家工作人员任职岗位管理办法》。同 2010 年出台的《关于对配偶子女均已移居国外的国家工作人员加强管理的暂行规定》相比，该办法明确“裸官”不能担任党政机关的领导成员

① 《中办国办印发〈领导干部报告个人有关事项规定〉和〈领导干部个人有关事项报告查核结果处理办法〉》，《人民日报》2017 年 4 月 20 日。

岗位、国有企事业单位的主要负责人岗位以及涉及军事、外交、国家安全、机要等5类重要岗位。仅2014年,全国共有3200余名副处级以上干部报告了配偶或者没有配偶、子女均已移居国(境)外的情况,对近千名在限入性岗位任职且配偶或子女不愿意放弃移居的领导干部,全部进行岗位调整。截至2016年年底,全国累计调整副处级以上“裸官”1374人,对违规办理和持有因私出国(境)证件的3.5万名干部进行了处理。

为整治干部人事档案造假问题,从2014年10月至2016年6月,中央组织部在全国分三批部署开展干部人事档案专项审核工作。2015年10月,新修订的《中国共产党纪律处分条例》专门增加了对不如实填报及篡改、伪造个人档案资料行为的处分规定,为惩治档案造假提供了依据。中央组织部制定实施方案,明确9个工作步骤,确保专项审核工作质量。中央组织部会同中央纪委机关、教育部、公安部、人力资源和社会保障部等7家单位,就涉及干部出生日期、学历学位等政策问题深入研究,印发《关于干部人事档案审核工作的问答》,编印《干部人事档案工作文件选编》,为专项审核工作提供了依据和遵循。在审核范围上,突出干部队伍主体,重点审核公务员和参照管理人员、国有企事业单位领导班子成员和中层以上干部的档案,其中涉及省管干部5.8万余人。在审核内容上,重点审核干部的出生日期、参加工作时间、入党时间、学历学位、工作经历、干部身份和家庭主要成员及重要社会关系等信息。中央组织部先后派出25个督察组,对各省区市和30家中央单位进行调研督察,对发现的问题及时反馈、限期整改。在省管干部档案专项审核中,共补充档案材料14.5万余份,更正2.5万余人的档案信息,420人因档案造假受到组织处理或纪律处分,186 人因档案问题被记录在案,未查清前不得提拔或重用。针对干部重要信息记载不准确不一致的问题,组建调查组,通过调取原始户籍材料、学历学位认证、物证鉴定等方式查核了 64.5 万人的信息;针对档案材料不齐全不完整的问题,补充完善了 2549 万份材料。全面推行干部人事档案任前审核制度,坚持"凡提必审、凡转必审、凡进必审",使档案审核深度嵌入干部工作链条,切实防止干部因档案问题"带病提拔""带病上岗"。①

2015 年 6 月 26 日,中共中央政治局召开会议,审议通过《关于推进领导干部能上能下的若干规定(试行)》。会议强调,要建立健全工作责任制,把推进领导干部能上能下作为全面从严治党、从严管理干部的重要内容。要坚持推进制度改革,通过激励、奖惩、问责等一整套制度安排,保证能者上、庸者下、劣者汰,形成良好的用人导向和制度环境。既要严格执行干部退休制度、领导干部职务任期制度,加大领导干部问责力度,又要健全调整不适宜担任现职干部制度。要坚持德才兼备、以德为先,认真落实好干部标准,对政治上不守规矩、廉洁上不干净、工作上不作为不担当或能力不够、作风上不实在的领导干部,要坚决进行组织调整;同时,及时把那些忠诚、干净、敢于担当的干部,想干事、能干事、干成事的干部用起来,切实增强干部队伍活力。② 2015 年 7 月,中央办公厅印发《推进领导干部能上能下若干规定(试行)》,剑指干部能上不能下的老大难问题,明确"下"的标准、规范"下"的方式、疏通"下"的渠道,为做好干部"下"的工作

① 《全国干部人事档案专项审核基本完成》,《人民日报》2016 年 12 月 4 日。

② 《审议〈中国共产党巡视工作条例(修订稿)〉〈关于推进领导干部能上能下的若干规定(试行)〉》,《人民日报》2015 年 6 月 27 日。

提供了制度依据。《规定》实施以来，已依规调整县处级以上干部1.7万多人，其中中管干部94人，“能者上、庸者下、劣者汰”已经成为鲜明导向。

长期以来，干部“带病提拔”是党内外、各方面反映强烈的一个突出问题。习近平总书记指出，对干部选拔任用要严格把关，坚决防止带病提拔。① 五年来，干部选拔任用工作不断改进，在防止“带病提拔”上取得不少成绩，“带病”干部存量减少、增量得到遏制。2016年8月，中央办公厅印发《关于防止干部“带病提拔”的意见》，对切实防止干部“带病提拔”作出具体规定。该意见规定各级党委（党组）对选人用人负主体责任，党委（党组）书记是第一责任人，组织人事部门承担直接责任，纪检监察机关承担监督责任，并实行党委（党组）书记、纪委书记（纪检组组长）在意见上签字制度；提出要把了解干部的功夫下在平时，加强综合分析研判，组织人事部门应当及时收集整理纪检监察、审计、信访、巡视、督导等执纪监督方面信息和网络舆情反映的干部有关情况，建立干部监督信息档案；开展经常性分析研判，重点分析研判现任党政正职、党政正职拟任人选、近期拟提拔或进一步使用人选、问题反映较多的干部；明确提出实行“四凡四必”，即：做到干部档案“凡提必审”，个人有关事项报告“凡提必核”，纪检监察机关意见“凡提必听”，反映违规违纪问题线索具体、有可查性的信访举报“凡提必查”；明确提出建立健全干部“带病提拔”问责机制，加强经常性监督检查，对干部“带病提拔”问题实行倒查，严肃追究责任。

---

① 习近平：《在党的群众路线教育实践活动总结大会上的讲话》，《人民日报》2014年10月9日。

（四）推进纪检体制改革

五年来，党中央着力破解权力监督和制约体系中的薄弱环节，把推进纪检体制改革作为全面深化改革的重要组成部分，使纪检体制改革成为全面从严治党的“推进器”和“动力源”，成为党风廉政建设和反腐败斗争的强大动力。

2013 年 11 月，党的十八届三中全会通过的《中共中央关于全面深化改革的决定》，明确提出推进纪律检查体制改革的“路线图”，即“两个责任”“两个为主”“两个全覆盖”。其中，“两个责任”是：“落实党风廉政建设责任制，党委负主体责任，纪委负监督责任，制定实施切实可行的责任追究制度”；“两个为主”是：“强化上级纪委对下级纪委的领导。查办腐败案件以上级纪委领导为主，线索处置和案件查办在向同级党委报告的同时必须向上级纪委报告。各级纪委书记、副书记的提名和考察以上级纪委会同组织部门为主”；“两个全覆盖”是：“全面落实中央纪委向中央一级党和国家机关派驻纪检机构，实行统一名称、统一管理。派驻机构对派出机关负责，履行监督职责。改进中央和省区市巡视制度，做到对地方、部门、企事业单位全覆盖。”①根据中央要求，在十八届三中全会闭幕第二天，中央政治局常委、中央纪委书记王岐山就主持召开中央纪委常委会议，研究确定五项重点改革课题，并决定由中央书记处书记、中央纪委副书记赵

① 《中共中央关于全面深化改革若干重大问题的决定》（2013 年 11 月 12 日中国共产党第十八届中央委员会第三次全体会议通过），《人民日报》2013 年 11 月 16 日。

洪祝担任纪律检查体制改革专项小组组长，下设办公室，负责统筹协调、组织推进。2014 年 6 月 30 日，中共中央政治局会议审议通过《党的纪律检查体制改革实施方案》，对改革的指导思想、目标要求、主要任务、方法措施和时间进度作出安排。

聚焦中心任务，深化“三转”（转职能、转方式、转作风），强化主业主责。中央纪委全面履行党的纪律检查和政府行政监察两项职能，在内设机构、行政编制、领导职数总量不变情况下，进行机构调整，增设纪检监察室，组建组织部、宣传部、纪检监察干部监督室，监督执纪力量大为增强。中央纪委巩固清理议事协调机构成果，不再参加新的议事协调机构。中央纪委机关两次清理议事协调机构，从 125 个议事协调机构减少到 14 个；两次调整内设机构，把更多力量压到主业上，执纪监督部门和人员分别占到内设机构和人员编制总数的近 70%。清理 31 个省区市和新疆生产建设兵团纪委参与的议事协调机构。清理前，省区市一级共参与 4619 个议事协调机构，平均每个纪委参与 144 个，其中个别省多达 250 个。清理后，省级纪委参与的议事协调机构减至 460 个，平均 14 个，精简比例达 90%以上。

深化派驻机构改革，实现统一名称和管理。2014 年 12 月，中央办公厅印发《关于加强中央纪委派驻机构建设的意见》，明确要按照全面派驻、分类设置、职能明确、权责一致的原则，改革完善派驻机构的领导体制和工作机制，聚焦党风廉政建设和反腐败中心任务，强化监督执纪问责，增强派驻机构监督的权威性和有效性。明确派驻纪检机构与驻在部门是监督与被监督的关系，派驻纪检机构依据党章规定履行党的纪律检查职能，重点监督驻在部门和综合监督单位领导班子及中管干部和司局级干部，不再承担所监督部门的党风廉政建设日常性工作。2015 年 1 月，经中央批准，中央纪委在中央办公厅、中央组织部、中央宣传部、中央统战部、全国人大机关、国务院办公厅、全国政协机关 7 家单位新设派驻纪检组，负责对 50 多家中央和国家机关进行派驻监督。这在党的历史上是首次向这些单位派驻党的纪律检查组，迈出实现派驻全覆盖的重要一步。2015 年 11 月，中央办公厅印发《关于全面落实中央纪委向中央一级党和国家机关派驻纪检机构的方案》，决定中央纪委共设置 47 家派驻机构，其中，综合派驻 27 家、单独派驻 20 家，实现对 139 家中央一级党和国家机关派驻纪检机构全覆盖。实现全覆盖后，派驻监督单位增加 87 个，派驻机构减少 5 家，副部级和司局级职数没有增加一个，做到了精简高效、内涵发展。

推进双重领导体制具体化、程序化、制度化。制定下级纪委向上级纪委报告工作的具体制度，规范向上级纪委报告线索处置和执纪审查工作，落实查办腐败案件以上级纪委领导为主要求，在 8 个地区和部门（广东、河北、浙江、河南、陕西 5 个省和国务院国资委、商务部、海关总署 3 个部委）开展试点。2015 年 1 月 30 日，中央全面深化改革领导小组第九次会议审议通过《省（自治区、直辖市）纪委书记、副书记提名考察办法（试行）》《中央纪委派驻纪检组组长、副组长提名考察办法（试行）》《中管企业纪委书记、副书记提名考察办法（试行）》。2015 年 3 月中央办公厅印发《中央纪委派驻纪检组组长、副组长提名考察办法（试行）》等三个提名考察办法，明确中央纪委派驻纪检组组长副组长的提名、考察以上级纪委会同组织部门为主。

十一、治国理政新理念新思想新战略

五年来，以习近平同志为核心的党中央，在领导改革发展稳定、治党治国治军、内政外交国防的实践中，锐意进取、励精图治、开拓创新，进一步深化了我们党对共产党执政规律、社会主义建设规律、人类社会发展规律的认识，形成了治国理政的新理念新思想新战略。这集中反映在习近平总书记系列重要讲话当中，是中国特色社会主义理论体系的最新成果，是马克思主义在当代中国的新发展，具有丰富的时代内容和思想内涵，具有重大的政治意义、理论意义、实践意义和方法论意义。党中央治国理政新理念新思想新战略，涉及生产力和生产关系、经济基础和上层建筑各个环节，涵盖经济、政治、文化、社会、生态文明建设、国防和军队、党的建设等各个领域，形成了一个系统完整、逻辑严密的科学理论体系，为坚持和发展中国特色社会主义、实现“两个一百年”奋斗目标和中华民族伟大复兴的中国梦提供了科学理论指导和行动指南。正是有党中央治国理政新理念新思想新战略的科学指引，我们党顺利推进伟大斗争、伟大工程、伟大事业，开创了党和国家各项事业发展的新局面。

（一）坚持和发展中国特色社会主义

举什么旗、走什么路，是关系到党的事业兴衰成败最根本的问题。对这个问题，党内外、国内外十分关注。对这个问题，以习近平同志为核心的党中央旗帜鲜明，立场坚定，毫不含糊。十八大结束后不久，在2012年11月17日，在中央政治局第一次集体学习时，习近平总书记就指出："坚持和发展中国特色社会主义是贯穿党的十八大报告的一条主线。我们要紧紧抓住这条主线，把坚持和发展中国特色社会主义作为学习贯彻党的十八大精神的聚焦点、着力点、落脚点"。① 之所以强调要紧紧抓住坚持和发展中国特色社会主义这条主线，是因为"党和国家的长期实践充分证明，只有社会主义才能救中国，只有中国特色社会主义才能发展中国。只有高举中国特色社会主义伟大旗帜，我们才能团结带领全党全国各族人民，在中国共产党成立100年时全面建成小康社会，在新中国成立100年时建成富强民主文明和谐的社会主义现代化国家，赢得中国人民和中华民族更加幸福美好的未来。"②这次集体学习，具有重大的宣示意义。在如何开局这个问题上，习近平总书记向世人表明了态度，就是要坚持和发展中国特色社会主义，这也是十八大以来党中央治国理政的主题主线。

---

① 习近平：《紧紧围绕坚持和发展中国特色社会主义学习宣传贯彻党的十八大精神》，《求是》2012年第23期。

② 习近平：《紧紧围绕坚持和发展中国特色社会主义学习宣传贯彻党的十八大精神》，《求是》2012年第23期。

中国特色社会主义是历史的结论、人民的选择。从空想社会主义产生到现在，社会主义已经有500年的历史，经历了从空想到科学、从理论到实践、从一国实践到多国发展的过程。2013年1月5日，在新进中央委员会的委员、候补委员学习贯彻党的十八大精神研讨班上，习近平总书记从历史和现实的角度，从6个时间段分析了社会主义思想从提出到现在的历史过程，特别是对我们党探索中国特色社会主义的历史进程和伟大实践，对坚持和发展中国特色社会主义需要把握的几个重大理论问题，进行了系统而深刻的阐述。

关于社会主义思想从提出到现在的历史过程，习近平总书记明确指出，具体可以划分为6个时间段：一是空想社会主义产生和发展。1516年，英国人摩尔发表《乌托邦》，标志着空想社会主义的诞生，此后一直到19世纪上半叶。其中最有影响的是19世纪初的三大空想社会主义思想家法国的圣西门、傅立叶和英国的欧文。二是马克思、恩格斯创立科学社会主义理论体系。马克思、恩格斯创立了唯物史观和剩余价值学说，使社会主义实现了从空想到科学的伟大飞跃。三是列宁领导十月革命胜利并实践社会主义，使社会主义实现了从理论到实践的飞跃。四是苏联模式逐步形成。列宁逝世后，斯大林在领导苏联社会主义建设中，逐步形成了单一生产资料公有制和自上而下的指令性计划经济体制、权力高度集中的政治体制。五是新中国成立后我们党对社会主义的探索和实践。新中国成立后，以毛泽东为核心的党的第一代中央领导集体带领全党全国各族人民，建立社会主义基本制度，并探索适合中国国情的社会主义建设道路，为新的历史时期开创中国特色社会主义提供了宝贵经验、理论准备和物质基础。六是我们党作出进行改革开放的历史性决策、开创和发展中国特色社会主义。①

关于改革开放前和改革开放后两个历史时期，习近平总书记强调，这是两个既相互联系又有重大区别的时期，但本质上都是我们党领导人民进行社会主义建设的实践探索。中国特色社会主义是在改革开放历史新时期开创的，但也是在新中国已经建立起社会主义基本制度、并进行了20多年建设的基础上开创的。虽然这两个历史时期在进行社会主义建设的思想指导、方针政策、实际工作上有很大差别，但两者决不是彼此割裂的，更不是根本对立的。不能用改革开放后的历史时期否定改革开放前的历史时期，也不能用改革开放前的历史时期否定改革开放后的历史时期。要坚持实事求是的思想路线，分清主流和支流，坚持真理，修正错误，发扬经验，吸取教训，在这个基础上把党和人民事业继续推向前进。②

中国特色社会主义不是一成不变的，必须随着形势和条件的变化而向前发展，不断丰富中国特色社会主义的实践特色、理论特色、民族特色、时代特色，与时俱进发展中国特色社会主义。习近平总书记指出，坚持和发展中国特色社会主义是一篇大文章，我们这一代共产党人的任务，就是继续把这篇大文章写下去。坚持马克思主义，坚持社会主义，一定要有发展的观点。

五年来，在坚定中国特色社会主义"三个自信"的基础上，习近平总书记进一步提出了"四个自信"，即坚定中国特色社会主义的道

---

① 《毫不动摇坚持和发展中国特色社会主义　在实践中不断有所发现有所创造有所前进》，《人民日报》2013年1月6日。

② 《毫不动摇坚持和发展中国特色社会主义　在实践中不断有所发现有所创造有所前进》，《人民日报》2013年1月6日。

路自信、理论自信、制度自信和文化自信，并对每一个自信都作了系统论述，深化了我们党对中国特色社会主义的认识。习近平总书记指出，中国特色社会主义这条道路来之不易，它是在改革开放30多年的伟大实践中走出来的，是在中华人民共和国成立60多年的持续探索中走出来的，是在对近代以来170多年中华民族发展历程的深刻总结中走出来的，是在对中华民族5000多年悠久文明的传承中走出来的，具有深厚的历史渊源和广泛的现实基础。我们要在深入把握中国特色社会主义的科学性和真理性的基础上增强自信，在领导人民推进改革开放和社会主义现代化建设的进程中继续开拓。① 当今世界，要说哪个政党、哪个国家、哪个民族能够自信的话，那中国共产党、中华人民共和国、中华民族是最有理由自信的。中国特色社会主义道路是实现社会主义现代化的必由之路，是创造人民美好生活的必由之路。中国特色社会主义理论体系是指导党和人民沿着中国特色社会主义道路实现中华民族伟大复兴的正确理论，是立于时代前沿、与时俱进的科学理论。中国特色社会主义制度是当代中国发展进步的根本制度保障，是具有鲜明中国特色、明显制度优势、强大自我完善能力的先进制度。文化自信，是更基础、更广泛、更深厚的自信。中国共产党人和中国人民完全有信心为人类对更好社会制度的探索提供中国方案。②

① 习近平：《在第十二届全国人民代表大会第一次会议上的讲话》，《人民日报》2013年3月18日。

② 习近平：《在庆祝中国共产党成立95周年大会上的讲话》，《人民日报》2016年7月2日。

（二）实现中华民族伟大复兴的中国梦

实现中华民族伟大复兴的中国梦，是以习近平同志为核心的党中央治国理政新理念新思想新战略的根本目标。“中国梦”的提出，以其通俗、形象、亲和的表达，既有憧憬超越又看得见摸得着，既科学崇高又喜闻乐见，让中国特色社会主义更加亲和、更接地气、更贴民心，在海内外产生强大号召力和感染力，成为新的历史起点上凝聚最大公约数、激励中华儿女团结奋进的一面精神旗帜，成功打造出中国特色社会主义的“大众版”。围绕中国梦，习近平总书记作出了一系列重要论述，深刻回答了中国梦的历史由来、科学内涵和实现路径。

中国梦，是近代以来中华民族的夙愿和最大梦想，凝结着无数仁人志士的不懈努力，承载着全体中华儿女的共同向往。2012 年 11 月 29 日，习近平总书记率中央政治局常委和中央书记处同志来到国家博物馆，参观《复兴之路》展览。参观过程中，习近平总书记深情指出，《复兴之路》这个展览，回顾了中华民族的昨天，展示了中华民族的今天，宣示了中华民族的明天，给人以深刻教育和启示。中华民族的昨天，可以说是“雄关漫道真如铁”。中华民族的今天，正可谓“人间正道是沧桑”。改革开放以来，我们总结历史经验，不断艰辛探索，终于找到了实现中华民族伟大复兴的正确道路，取得了举世瞩目的成果。这条道路就是中国特色社会主义。中华民族的明天，可以说是“长风破浪会有时”。经过鸦片战争以来 170 多年的持续奋斗，中华民族伟大复兴展现出光明的前景。现在，我们比历史上任何时期都更接近中华民族伟大复兴的目标，比历史上任何时期都更有信心、有能力实现这个目标。实现中华民族伟大复兴，就是中华民族近代以来最伟大的梦想。这个梦想，凝聚了几代中国人的夙愿，体现了中华民族和中国人民的整体利益，是每一个中华儿女的共同期盼。①

中国梦，核心内涵是中华民族伟大复兴，本质和基本内涵是国家富强、民族振兴、人民幸福。这表明，中国梦不仅是国家的、民族的，也是每一个中国人的，是国家情怀、民族情怀和人民情怀相统一的梦。国家好，民族好，大家才会好。中国梦，把国家的愿景、民族的理想以及人民的生活融为一体，既体现了中华民族和中国人民的整体利益，也表达了每一个中华儿女的共同愿景，具有广泛的包容性。具体阶段性目标上，就是要到 2020 年实现国内生产总值和城乡居民人均收入比 2010 年翻一番，全面建成小康社会；到本世纪中叶建成富强民主文明和谐的社会主义现代化国家，进而实现中华民族伟大复兴。具体内容上，包括航天梦、强军梦、美丽中国、海洋强国、追求和平，等等。中国梦，归根到底是人民的梦，必须紧紧依靠人民来实现，不断为人民造福。人民是中国梦的主体，是中国梦的创造者和享有者。在中国梦的这艘超级巨轮上，每个人都是“梦之队”的一员，都是中国梦的参与者、书写者。

中国梦，令人向往。那么，该如何实现中国梦呢？对此，习近平总书记作出了一系列重要论述，为实现中国梦指明了方向。他强调，实现中国梦必须走中国道路，这就是中国特色社会主义道路；必须弘扬中国精神，这就是以爱国主义为核心的民族精神，以改革创新为核心

---

① 《承前启后　继往开来　继续朝着中华民族伟大复兴目标奋勇前进》，《人民日报》2012 年 11 月 30 日。

的时代精神;必须凝聚中国力量,这就是中国各族人民大团结的力量。要从中华民族整体利益的高度出发,与包括香港、澳门特别行政区同胞和台湾同胞在内的中华儿女携起手来,同心实现中华民族伟大复兴。中国梦是和平、发展、合作、共赢的梦,与各国人民追求和平发展的美好梦想相通。要始终不渝走和平发展道路,矢志不渝奉行互利共赢的开放战略,努力促进人类和平与发展的崇高事业。实干才能梦想成真。实现中国梦,必须真抓实干、攻坚克难,锲而不舍、驰而不息。

(三)协调推进“四个全面”战略布局

以习近平同志为核心的党中央从坚持和发展中国特色社会主义全局出发,立足中国发展实际,主动把握和积极适应经济发展新常态,坚持问题导向,逐步形成并着力推进“四个全面”的战略布局,即“协调推进全面建成小康社会、全面深化改革、全面推进依法治国、全面从严治党”。这个战略布局,明确了党和国家事业发展的战略目标和战略举措,是我们党在新形势下治国理政的总方略,是事关党和国家长远发展的总战略,为实现“两个一百年”奋斗目标、实现中华民族伟大复兴的中国梦提供了理论指导和实践指南。

“四个全面”战略布局是一个有机统一体,具有严密的内在逻辑,相辅相成、相互促进、相得益彰。习近平总书记指出:“这个战略布局,既有战略目标,也有战略举措,每一个‘全面’都具有重大战略意义”。① 其中,全面建成小康社会是战略目标,具有战略统领和目

① 中共中央文献研究室编:《习近平关于协调推进“四个全面”战略布局论述摘编》,中央文献出版社 2015 年版,第 17 页。

标牵引作用，与后三个“全面”是目标和举措的关系。三大战略举措，对实现全面建成小康社会战略目标一个都不能缺。不全面深化改革，发展就缺少动力，社会就没有活力。不全面依法治国，国家生活和社会生活就不能有序运行，就难以实现社会和谐稳定。不全面从严治党，党就做不到“打铁还需自身硬”，也就难以发挥好领导核心作用。全面深化改革是根本路径、关键一招和强大动力。全面推进依法治国是可靠保障，要求以法治思维推进改革。中国共产党是领导核心，全面从严治党为其他三个“全面”提供根本保证。全面深化改革与全面依法治国，如鸟之两翼、车之双轮，体现的是“破”与“立”的关系。全面深化改革，需要法治保障。全面依法治国，同样也需要深化改革。全面从严治党，核心是加强党的领导，基础在全面，关键在严，要害在治，也必须贯彻改革和法治的要求。既要推进党的建设制度改革，包括推进党的纪律检查体制、健全改进作风常态化制度等，同时又必须贯彻法治的要求，坚持制度治党、依规治党。

之所以提出“四个全面”，是因为其是当前党和国家事业发展中必须解决好的主要矛盾，都还存在短板。就全面小康情况看，发展中不平衡、不协调、不可持续问题依然突出；城乡、区域发展差距较大，行业、部门收入分配不够合理；社会主义核心价值观建设任务艰巨；等等。可以说，全面建成小康社会进入到了决胜阶段。就改革情形看，中国的改革进入深水区和攻坚期，容易的、皆大欢喜的改革已经完成了，好吃的肉都吃掉了，剩下的都是难啃的硬骨头，需要勇于冲破思想观念的障碍，又勇于突破利益固化的藩篱，攻克体制机制上的顽瘴痼疾。就法治建设情况看，有的法律法规未能全面反映客观规律和人民意愿，针对性、可操作性不强，立法工作中部门化倾向、争权诿责现象较为突出;有法不依、执法不严、违法不究现象较严重,执法体制权责脱节、多头执法、选择性执法现象仍存在,执法司法不规范、不严格、不透明、不文明现象较为突出,群众对执法司法不公和腐败问题反映强烈;等等。就从严治党情况看,反腐败斗争形势依然严峻复杂,不敢腐、不能腐、不想腐的机制没有完全建立。破解这些问题,必须攻坚克难,协调推进"四个全面"战略布局。

"四个全面"战略布局,都有"全面"一词。正是有了"全面"一词,赋予了新的内涵,体现在三个方面:一是在主体上全覆盖;二是在内容上不留空白、盲区;三是在力度上全力以赴,一以贯之。"四个全面"战略布局,彰显了党中央的坚定决心、使命担当和政治勇气。其中,全面建成小康社会,相比一般的小康,全面小康惠及的群体更广;内容更加全面,不仅是经济上协调性增强、注重质量,而且在文化、社会、民主、法治等方面也有具体标准;水平更高,不仅满足于解决温饱,而且追求有尊严的生活。全面深化改革,以完善和发展中国特色社会主义制度,推进国家治理体系和治理能力现代化为总目标,全面推进各领域改革,更加注重改革的系统性、整体性和协同性。全面依法治国,意味着法治的要求渗透到立法、执法、司法、守法等各个环节,全方位覆盖国家、政府和社会各个层面,更加注重法治建设的全局性、整体性与系统性,具体就是要形成完备的法律规范体系、高效的法治实施体系、严密的法治监督体系、有力的法治保障体系,形成完善的党内法规体系,坚持依法治国、依法执政、依法行政共同推进,坚持法治国家、法治政府、法治社会一体建设,实现科学立法、严格执法、公正司法、全民守法。全面从严治党,就是要按照全覆盖、全过程和全领域的要求,在内容上把从严的要求贯彻到党的建设各项工作中,落实从严治党的主体责任和监督责任,做到真管真严、敢管敢严、长管长严。

(四)树立和落实新发展理念

思想是行动的先导。发展理念,是发展行动的先导,是发展思路、发展方向、发展着力点的集中体现。“十三五”时期,面对全面建成小康社会决胜阶段复杂的国内外形势,我国经济社会发展面临着新趋势新机遇和新矛盾新挑战,党中央敏锐把握经济发展进入新常态的新阶段。为适应新常态、把握新常态、引领新常态,保持经济社会持续健康发展,党的十八届五中全会坚持以人民为中心的发展思想,明确提出了创新、协调、绿色、开放、共享的新发展理念。新发展理念符合我国国情,体现出鲜明的问题导向,对引领发展方式转变、以发展方式转变推动发展质量和效益提升、厚植发展优势具有重大指导意义。新发展理念,是在深刻总结国内外发展经验教训、分析国内外发展大势的基础上形成的,是针对我国经济发展进入新常态、世界经济复苏低迷开出的药方,集中反映了我们党对经济社会发展规律认识的深化,是我国发展理论的又一次重大创新,指明了“十三五”乃至更长时期我国的发展思路、发展方向和发展着力点,是管全局、管根本、管长远的导向。

创新是引领发展的第一动力。2008 年世界性金融危机过后,世界经济发展与利益格局深度调整,伴随着新技术创新与应用的步伐逐步加快,世界经济在大调整大变革中出现了一些新的变化趋势,原有的经济增长模式难以为继,这些使得我国发展的环境、条件、任务等都发生了新的变化,经济发展进入新常态,转方式、调结构的要求日益迫切。面对新变化新情况,改革开放30多年以来所坚持的粗放发展模式、简单地追求增长速度的发展道路亟须深刻变革,以创新发展的理念来引领和推动我国经济继续向前发展,不断开创经济发展新局面。创新发展注重的是解决发展动力问题。习近平总书记指出:"如果科技创新搞不上去,发展动力就不可能实现转换,我们在全球经济竞争中就会处于下风。为此,我们必须把创新作为引领发展的第一动力,把人才作为支撑发展的第一资源,把创新摆在国家发展全局的核心位置,不断推进理论创新、制度创新、科技创新、文化创新等各方面创新,让创新贯穿党和国家一切工作,让创新在全社会蔚然成风。"①

协调是持续健康发展的内在要求。协调发展注重的是解决我国发展中的不平衡问题,特别是区域、城乡、经济和社会、物质文明和精神文明、经济建设和国防建设等关系。习近平总书记指出,在经济发展水平落后的情况下,一段时间的主要任务是要跑得快,但跑过一定路程后,就要注意调整关系,注重发展的整体效能,否则"木桶"效应就会愈加显现,一系列社会矛盾会不断加深。② 新形势下,协调发展具有一些新特点,坚持协调发展,需要从中国特色社会主义事业的总体布局出发,正确处理发展中的各项重大关系。注重解决发展不平衡问题,必须牢牢把握中国特色社会主义事业总体布局,正确处理发

① 习近平:《在党的十八届五中全会第二次全体会议上的讲话(节选)》,《求是》2016年第1期。

② 习近平:《在党的十八届五中全会第二次全体会议上的讲话(节选)》,《求是》2016年第1期。

展中的重大关系,不断增强发展整体性。要重点促进城乡区域协调发展,促进经济社会协调发展,促进新型工业化、信息化、城镇化、农业现代化同步发展,坚持物质文明精神文明并重、经济建设国防建设融合。以协调发展促进薄弱领域发展后劲提升、拓宽发展空间,在增强国家硬实力的同时注重提升国家软实力,不断增强发展整体性。

绿色是永续发展的必要条件和人民对美好生活追求的重要体现。绿色发展的本质是处理好发展过程中人与自然的关系,人类发展活动必须尊重自然、顺应自然、保护自然。过去30多年来的高速发展,在获得经济增长带来的巨大利益的同时,给生态环境带来了极大的破坏,不但经济发展越来越受到资源短缺、环境恶化的制约,难以持续;而且很多地区的基本生活条件也受到了严重威胁。我国资源约束趋紧、环境污染严重、生态系统退化的问题十分严峻,人民群众对清新空气、干净饮水、安全食品、优美环境的要求越来越强烈。绿色发展注重的是解决人与自然和谐问题。落实绿色发展理念,坚持节约资源和保护环境的基本国策,坚定走生产发展、生活富裕、生态良好的文明发展道路,加快建设资源节约型、环境友好型社会,形成人与自然和谐发展现代化建设新格局,推进美丽中国建设,为全球生态安全作出新贡献。

开放是国家繁荣发展的必由之路。开放发展,注重的是解决发展内外联动问题。我国对外开放水平总体上还不够高,用好国际国内两个市场、两种资源的能力还不够强,应对国际经贸摩擦、争取国际经济话语权的能力还比较弱,运用国际经贸规则的本领也不够强,需要加快弥补。只有丰富对外开放内涵,提高对外开放水平,协同推进战略互信、经贸合作、人文交流,才能开创对外开放新局面,形成深度融合的互利合作格局。当前世界政治、经济发展格局波诡云谲,公正合理的国际政治经济秩序的形成依然任重道远;世界经济逐渐走出国际金融危机阴影,但还没有找到全面复苏的新引擎。作为世界第二大经济体的中国,在世界经济和全球治理中的分量迅速上升,但经济实力转化为国际制度性权力,依然需要构建全面互利共赢的开放新格局。面对新形势、新任务,中国的发展更加不能脱离世界发展的轨道,而要以更加积极开放的姿态,主动融入并顺应世界发展潮流,引导经济全球化背景下的发展,注重内外联动、互利共赢和参与全球经济治理,建构广泛的利益共同体。建构全面互利共赢开放新格局,是正确处理中国与世界关系的重要途径,也是营造良好发展的国内外环境的重要方面。① 为此,必须坚持对外开放的基本国策,奉行互利共赢的开放战略,深化人文交流,完善对外开放区域布局、对外贸易布局、投资布局,形成对外开放新体制,发展更高层次的开放型经济,以扩大开放带动创新、推动改革、促进发展。

共享是中国特色社会主义的本质要求,是社会主义制度优越性的集中体现,是我们党坚持全心全意为人民服务根本宗旨的重要体现。共享发展注重的是解决社会公平正义问题。我国经济发展的“蛋糕”不断做大,但分配不公问题比较突出,收入差距、城乡区域公共服务水平差距较大。在共享改革发展成果上,无论是实际情况还是制度设计,都还有不完善的地方。共享发展理念,具体有四个方面的内涵:一是就共享的覆盖面而言,实现全民共享,人人享有、各得其所,不是少数人共享、一部分人共享;二是就共享的内容而言,实现全面共享,共

---

① 韩庆祥:《以新发展理念引领发展》,《经济日报》2016 年 10 月 27 日。

享国家经济、政治、文化、社会、生态各方面建设成果，全面保障人民在各方面的合法权益；三是就共享的实现途径而言，实现共建共享，形成人人参与、人人尽力、人人都有成就感的生动局面；四是就共享发展的推进进程而言，实现渐进共享，逐步从低级到高级、从不均衡到均衡。坚持共享发展，必须坚持发展为了人民、发展依靠人民、发展成果由人民共享，作出更有效的制度安排，充分调动人民群众的积极性、主动性、创造性，把不断做大的“蛋糕”分好，使全体人民在共建共享发展中有更多获得感，增强发展动力，增进人民团结，朝着共同富裕方向稳步前进，而绝不能出现“富者累巨万，而贫者食糟糠”的现象。

五大发展理念，是一个完整的体系，相互贯通、相互促进，是不可分割的整体，必须统一贯彻，不能顾此失彼，也不能相互替代。哪一个发展理念贯彻不到位，发展进程都会受到影响。新发展理念就是指挥棒、红绿灯，必须坚决贯彻。要把思想和行动统一到新发展理念上来，努力提高统筹贯彻新发展理念的能力和水平，对不适应、不适合甚至违背新发展理念的认识要立即调整，对不适应、不适合甚至违背新发展理念的行为要坚决纠正，对不适应、不适合甚至违背新发展理念的做法要彻底摒弃。贯彻落实新发展理念，必须用好辩证法，抓主要矛盾，着力实施创新驱动发展战略，着力增强发展的整体性协调性，着力推进人与自然和谐共生，着力形成对外开放新体制，着力践行以人民为中心的发展思想。

（五）掌握科学的思想方法和工作方法

“我们不但要提出任务，而且要解决完成任务的方法问题。我们的任务是过河,但是没有桥或没有船就不能过。不解决桥或船的问题,过河就是一句空话。不解决方法问题,任务也只是瞎说一顿。”①十八大以来党中央治国理政新理念新思想新战略,不仅有鲜明的理论观点、深刻的思想内涵,而且蕴含着丰富的思想方法和工作方法,既讲是什么、怎么看,又讲怎么办、怎么干;不仅明确了党和国家事业发展的主攻方向、主要任务,而且坚持和运用马克思主义立场观点方法,解决了“桥或船”的问题,为治国理政提供了科学的方法论。

把马克思主义哲学作为看家本领,学习、掌握和运用马克思主义哲学。习近平总书记高度重视对马克思主义哲学的学习和运用,专门主持中央政治局集体学习辩证唯物主义、历史唯物主义,号召全党努力把马克思主义哲学作为自己的看家本领,提高战略思维能力、综合决策能力、驾驭全局能力。习近平总书记指出:“马克思主义哲学深刻揭示了客观世界特别是人类社会发展一般规律,在当今时代依然有着强大生命力,依然是指导我们共产党人前进的强大思想武器。我们党自成立起就高度重视在思想上建党,其中十分重要的一条就是坚持用马克思主义哲学教育和武装全党。学哲学、用哲学,是我们党的一个好传统。”②要学习和掌握社会基本矛盾分析法,深入理解全面深化改革的重要性和紧迫性;学习和掌握物质生产是社会生活的基础的观点,准确把握全面深化改革的重大关系;学习和掌握人民群众是历史创造者的观点,紧紧

---

① 《毛泽东选集》第一卷,人民出版社 1991 年版,第 139 页。

② 《推动全党学习和掌握历史唯物主义　更好认识规律更加能动地推进工作》,《人民日报》2013 年 12 月 5 日。

依靠人民推进改革;学习和掌握世界统一于物质、物质决定意识的原理,坚持从客观实际出发制定政策、推动工作;学习和掌握事物矛盾运动的基本原理,不断强化问题意识,积极面对和化解前进中遇到的矛盾;学习和掌握唯物辩证法的根本方法,不断增强辩证思维能力,提高驾驭复杂局面、处理复杂问题的本领;学习和掌握认识和实践辩证关系的原理,坚持实践第一的观点,不断推进实践基础上的理论创新。

习近平总书记不仅亲自倡导科学的方法,而且身体力行,带头实践。比如,习近平总书记运用唯物辩证法,立足中国实际,抓主要矛盾,提出了“四个全面”战略布局,强调这是当前党和国家事业发展中必须解决好的主要矛盾。五大发展理念的提出和实施,习近平总书记同样强调要运用辩证法,抓住重点,以抓重点推动每个理念在实践中取得突破。要进行深入的调查研究,既总体分析面上的情况,又深入解剖麻雀,提出可行的政策举措和工作方案。要坚持系统的观点,依照新发展理念的整体性和关联性进行系统设计,做到相互促进、齐头并进,不能单打独斗、顾此失彼,不能偏执一方、畸轻畸重。要坚持“两点论”和“重点论”的统一,善于厘清主要矛盾和次要矛盾、矛盾的主要方面和次要方面,区分轻重缓急,在兼顾一般的同时紧紧抓住主要矛盾和矛盾的主要方面,以重点突破带动整体推进,在整体推进中实现重点突破。要遵循对立统一规律、质量互变规律、否定之否定规律,善于把握发展的普遍性和特殊性、渐进性和飞跃性、前进性和曲折性,坚持继承和创新相统一,既求真务实、稳扎稳打,又与时俱进、敢闯敢拼。要坚持具体问题具体分析,“入山问樵、入水问渔”,一切以时间、地点、条件为转移,善于进行交换比较反复,善于把握工作的时度效。[①] 落实"十三五"规划,同样要抓准、抓住、抓好战略重点,抓住重点带动面上工作,推动事物发展不断从不平衡到平衡。

面临十分复杂的国内外环境,习近平总书记反复强调要用科学的理论思维来观察事物、分析问题、解决问题。一是树立辩证思维,学习和掌握马克思主义哲学,坚持和运用辩证唯物主义和历史唯物主义,从纷繁复杂的事物表象中把准脉搏、掌握规律,在对历史的深入思考中做好现实工作、更好走向未来。二是树立战略思维。战略定力问题是一个政党、一个国家的根本性问题,中国是一个大国,决不能在方向性、根本性问题上出现颠覆性错误;要观大势、定大局、谋大事,善于从政治上认识和判断形势,善于从全球视野中谋划事业发展,把当今世界的风云变幻看准、看清、看透,在权衡利弊中作出最为有利的战略抉择。三是树立历史思维,把历史作为最好的教科书,善于从历史中获取智慧,联系5000多年中华文明史来思考中华民族的前途命运,联系500年世界社会主义发展史来认识社会主义运动的前进方向,联系中国近代以来170多年奋斗史来理解中华民族伟大复兴的正确道路,联系90多年革命建设改革的历程来把握党的历史方位和历史使命,联系"两个一百年"奋斗目标来把握党和国家的光明前景。四是增强底线思维,凡事从坏处准备、努力争取最好的结果,认真评判重大决策的风险和可能出现的最坏局面,把应对预案和政策措施谋划得更充分、更周密,做到有备无患、遇事不慌,处变不惊、应对自如。坚持问题导向,瞄着问题去、奔着问题来,把认识和化

① 习近平:《在省部级主要领导干部学习贯彻党的十八届五中全会精神专题研讨班上的讲话》,《人民日报》2016年5月10日。

解矛盾、发现和解决问题作为打开工作局面的突破口,解决问题要针锋相对,有什么问题就解决什么问题、什么问题突出就着力解决什么问题。五是坚持科学统筹,统筹国内国际两个大局,统筹党和国家事业全局,统筹发展和安全两件大事,学会“十个指头弹钢琴”,既注重总体谋划,又要以重点突破带动整体推进,等等。①

① 刘云山:《深入学习掌握习近平总书记系列重要讲话贯穿的马克思主义立场观点方法》,《学习时报》2017 年 5 月 31 日。

结　　语

十八大以来以习近平同志为核心的党中央治国理政的这五年，是攻坚克难的五年，是开拓创新的五年，是砥砺前进的五年。五年历程，在中国共产党 96 年的历史上，在中华人民共和国 68 年的历史上，在社会主义 500 年的历史上，不算长。但这五年中，以习近平同志为核心的党中央接过历史的接力棒，担负起对民族、人民和党的重大责任，弘扬改革开放的时代精神，勇于推进实践创新、理论创新、制度创新和其他各个方面的创新，开创了党和国家事业发展的新局面，使中国共产党焕发出新的生机，使当代中国发展站到了新的历史起点上，使马克思主义发展到新境界，使科学社会主义在中国彰显出新的生命力。五年历程，为中国共产党治国理政积累了宝贵的历史经验，为中国共产党继续带领人民实现“两个一百年”的奋斗目标奠定了坚实的基础。回顾五年历程，让我们深深地体会到，中国共产党在进入 21 世纪、决胜全面小康阶段的中国执政，至少必须坚持以下四条重要经验。

第一，必须坚持党中央的集中统一领导。五年来，中国共产党之所以能够带领全国各族人民，攻坚克难，啃下一个又一个硬骨头，在各个领域启动一系列重大改革，做了大量具有开创性的工作，一个根本的保证，就是有一个以习近平同志为核心的、坚强有力的党中央。当代中国仍处于赶超西方发达国家的现代化阶段。这个阶段，意味着在几十年的时间要走完西方国家几百年走完的路。在这样一个时空极大被压缩的阶段，工业化、城镇化、信息化、农业现代化等等都叠加在一起，老问题、新问题，传统的、现代的，国内的、国外的等等各种现象都会出现，面临的形势极其复杂，面临的任务极其繁重。而且，中国不是一般的国家，中国是一个大国，而且是有着几千年历史传统的大国。如此条件下，意味着中国的国家转型是何等的艰难、何等的复杂。这就必须要有强大的政党来领导，要有强有力的中央来统领。所以，党中央的集中统一领导，对于当代中国改革发展具有决定性意义，是中国历史逻辑和社会发展逻辑的必然要求。五年来，以习近平同志为核心的党中央，坚决贯彻党的民主集中制要求，着力加强党中央自身建设，身体力行，率先垂范，为全党树立了榜样，赢得了党内外的衷心拥护，获得了国内外各界人士的高度评价，有力地增强了中央的权威，加强了党中央特别是中央政治局的集中统一领导，为出台和实施各项治国理政决策提供了根本保证。

第二，必须坚持科学的方法论。五年来，党中央治国理政成就斐然，有目共睹，这与运用科学的方法论密切相关。中国共产党在当代中国执政，坚持的是科学执政，就是在基于马克思主义这一科学的世界观和方法论的基础上，尊重经济社会发展的客观规律，不断提高自我，运用好马克思主义的世界观和方法论，从而制定正确的路线方针政策，以此实现治党治国治军的各项目标。五年来，习近平总书记多次主持中央政治局集体学习，专门学习辩证唯物主义和历史唯物主义，号召全党要把马克思主义哲学作为看家本领，学习和运用唯物辩证法来分析问题、解决问题。习近平总书记身体力行，带头运用好马克思主义哲学，坚持“两点论”和“重点论”的统一，抓主要矛盾，自觉运用好战略思维、历史思维、辩证思维、创新思维、底线思维，保持战略定力，提出并实施“四个全面”战略布局、五大发展理念、供给侧结构性改革等一系列新理念新思想新战略。在治国理政实践中，以习近平同志为核心的党中央，坚持以人民为中心的发展思想，以强烈的问题意识和忧患意识，抓重点、难点，总揽全局、协调各方，不断提高攻坚克难、化解矛盾、驾驭复杂局面的能力，把中国特色社会主义事业推进到了新的阶段。

第三，必须弘扬改革创新精神。当代中国的发展，面临着新形势、新问题和新任务。具体如何解决，这在马克思主义经典著作中找不到现成的答案。这些新问题，需要当代中国共产党人从实际出发，立足中国国情，在马克思主义的指导下，不断总结新经验，找出解决办法。五年来，中国的发展进入新阶段，经济发展进入新常态，改革进入深水区、攻坚期，这对党中央治国理政提出了新的要求。在新的历史条件下，以习近平同志为核心的党中央，把改革创新精神贯彻到治国理政的各个环节，坚持问题导向，从实际出发，形成了一系列的新理念新思想新战略，有力地推动了各种问题的解决。在推进全面深化改革的实践中，坚持试点先行，鼓励基层探索创新，并及时总结经验，逐步推向全国。在全面从严治党的实践中，以改革创新精神弥补制度短板，使党内法规制度体系更加完善。正是有这样的一种精神，中国共产党人不怕困难，不畏惧新问题，不畏惧新困难，总是能够集中集体智慧，发挥人民群众的积极性、主动性和创造性，推动实践、理论和制度的创新,为当代中国发展注入新的活力和动力,使中华民族的这艘巨轮不断接近民族复兴的目标。

第四,必须坚持全面从严治党。“打铁还需自身硬”。自身硬,是打铁的前提条件和根本保证。在新的形势下,党面临着“四大危险”“四大考验”,管党治党的任务十分繁重,党内存在着不少突出问题,一些根本性问题尚未得到彻底解决。对此,以习近平同志为核心的党中央以强烈的忧患意识,提出并实施全面从严治党的重大战略,并将其纳入治国理政的战略布局,将其作为一项战略决策以支撑全面建成小康社会目标的实现。这一重大战略,实现了治党和治国的统一,是马克思主义党建思想的重大创新,也是对一党长期全面执政条件下加强马克思主义执政党建设的重大创新。全面从严治党从2014年10月开始提出以来,以习近平同志为核心的党中央从自身做起,以上率下,坚持思想建党和制度治党紧密结合,着力抓思想从严、抓管党从严、抓执纪从严、抓治吏从严、抓作风从严、抓反腐从严,党的建设取得了重要阶段性成果,党内正气在上升,党风在好转,为推进伟大斗争和伟大事业提供了坚强的组织保证。实践证明,办好中国的事,关键在党,关键在党要管党、从严治党,必须把从严的要求贯彻到党的建设各个领域,坚持全覆盖、全过程、全领域,勇于自我革命,永远保持党的先进性和纯洁性,方能使党永远站在时代前列,带领全国各族人民实现“两个一百年”的奋斗目标。

这四条经验,既是对中国共产党执政历史经验的运用,也是对五年来党中央治国理政实践的新总结。“历史是最好的教科书”。五年的新实践,为党和国家事业发展打下了坚实的基础,开创了中国特色社会主义事业的新局面,也为继续推进“四个全面”战略布局、落实新发展理念积累了宝贵的经验。在新的历史起点上，我们要充分运用好五年来的新经验，在以习近平同志为核心的党中央坚强领导下，以科学的思想方法和工作方法为指导，大力弘扬改革创新精神，坚定不移地推进全面从严治党，不断在朝着中华民族伟大复兴中国梦的道路上续写新的篇章。

党的十八大以来治国理政的这五年，以习近平同志为核心的党中央在国内外形势极其复杂的情况下，以马克思主义政治家的非凡勇气，攻坚克难，砥砺前行，直面党和国家事业发展中存在的突出问题，不回避问题，不回避矛盾，以求真务实、真抓实干的态度，以钉钉子的精神，开创了中国特色社会主义事业的新局面。习近平总书记身体力行，以上率下，勇挑重担，围绕改革发展稳定、治党治国治军、内政外交国防，发表了一系列重要讲话，形成了治国理政新理念新思想新战略，进一步丰富了我们党对共产党执政规律、社会主义建设规律和人类社会发展规律的认识，升华了马克思主义发展新境界，为我们在新的历史起点上实现新的奋斗目标提供了行动指南。

主要参考文献

1. 中共中央文献研究室编:《十八大以来重要文献选编》(上),中央文献出版社 2014 年版。

2. 习近平:《习近平谈治国理政》,外文出版社 2016 年版。

3. 中共中央宣传部:《习近平总书记系列重要讲话读本》,学习出版社、人民出版社 2016 年版。

4. 中共中央文献研究室编:《习近平关于全面建成小康社会论述摘编》,中央文献出版社 2016 年版。

5. 中共中央文献研究室编:《习近平关于实现中华民族伟大复兴的中国梦论述摘编》,中央文献出版社 2013 年版。

6. 中共中央文献研究室编:《习近平关于全面依法治国论述摘编》,中央文献出版社 2014 年版。

7. 中共中央文献研究室、中央党的群众路线教育实践活动领导小组办公室编:《习近平关于党的群众路线教育实践活动论述摘编》,党建读物出版社、中央文献出版社 2014 年版。

8. 中共中央党史研究室编:《历史是最好的教科书——学习习近平同志关于党的历史的重要论述》,中共党史出版社 2014 年版。

9. 中共中央纪律检查委员会、中共中央文献研究室编:《习近平关于党风廉政建设和反腐败斗争论述摘编》,中央文献出版社、中国方正出版社 2015 年版。

10. 中共中央纪律检查委员会、中共中央文献研究室编:《习近平关于严明党的纪律和党的规矩论述摘编》,中央文献出版社、中国方正出版社 2016 年版。

11. 中共中央文献研究室编:《习近平关于协调推进"四个全面"战略布局论述摘编》,中央文献出版社 2015 年版。

12. 中共中央文献研究室编:《习近平关于科技创新论述摘编》,中央文献出版社

2016 年版。

13. 中共中央文献研究室编:《习近平关于全面建成小康社会论述摘编》,中央文献出版社 2016 年版。

14. 中共中央文献研究室编:《习近平关于全面从严治党论述摘编》,中央文献出版社 2016 年版。

15. 中共中央文献研究室编:《习近平关于社会主义经济建设论述摘编》,中央文献出版社 2017 年版。

16. 王伟光:《马克思主义中国化的最新成果:习近平治国理政思想研究》,中国社会科学出版社 2016 年版。

17. 何毅亭:《学习习近平总书记重要讲话(增订本)》,人民出版社 2014 年版。

18. 中共中央党校编、何毅亭主编:《以习近平同志为核心的党中央治国理政新理念新思想新战略》,人民出版社 2017 年版。

19. 谢春涛主编:《中国梦,我的梦》,人民出版社 2014 年版。

20. 李君如:《中国道路与中国梦》,外文出版社 2014 年版。

21. 韩庆祥:《新一届中央领导集体治国理政的基本思路》,中共中央党校出版社 2014 年版。

后　记

光阴似箭，弹指一挥间。当全党上下正在推进“两学一做”学习教育常态化制度化之际，以习近平同志为核心的党中央已经执政近五年。

五年时间，说长则长，说短则短。但在这五年时间里，以习近平同志为核心的党中央做了大量开创性的工作，不少工作在党的历史上、在中华人民共和国的历史上都是具有突破性的，不少领域取得的成就也是空前的，具有重大的理论意义和实践意义，实现了党和国家事业的继往开来，使中华民族在复兴道路上又向前迈进了一大步。

为记录这一伟大的历程，总结五年治国理政的新经验，我们组织有关专家编写了本书，从不同的侧面对五年来治国理政的各项工作进行了简单的梳理，以迎接党的十九大胜利召开。方涛、谌玉梅、赵亮、胡伟、罗星、高志中等参与了本书的编写，其中方涛做了大量的联络沟通工作。需要说明的是，由于篇幅有限，五年来党中央治国理政取得的成就非常多，不可能面面俱到，本书只是对一些重要的特别是一些比较突出的新举措、新进展进行了大致的梳理，肯定存在不全面、不到位之处，还得请读者诸君予以理解与谅解。

作　者

2017年7月1日

责任编辑:王世勇

图书在版编目(CIP)数据

治国理政这五年:十八大以来中国新巨变/罗平汉 主编. —北京:
人民出版社,2017.8
ISBN 978-7-01-018049-6

Ⅰ.①治…　Ⅱ.①罗…　Ⅲ.①中国经济-经济发展-研究　Ⅳ.①F124

中国版本图书馆 CIP 数据核字(2017)第 197658 号

治国理政这五年

ZHIGUO LIZHENG ZHE WUNIAN

——十八大以来中国新巨变

罗平汉　主编

人民出版社 出版发行

(100706　北京市东城区隆福寺街 99 号)

北京汇林印务有限公司印刷　新华书店经销

2017 年 8 月第 1 版　2017 年 8 月北京第 1 次印刷

开本:710 毫米×1000 毫米 1/16　印张:14.25

字数:170 千字　印数:00,001-10,000 册

ISBN 978-7-01-018049-6　定价:46.00 元

邮购地址 100706　北京市东城区隆福寺街 99 号

人民东方图书销售中心　电话 (010)65250042　65289539